その料理、
つくり方間違ってます。

おいしさを逃さない「うま味」方程式

東京慈恵会医科大学附属病院　栄養部

講談社

Contents

砂糖の役割

column 1

太るからと砂糖を敬遠するのは料理下手

砂糖にはおいしい！を作る機能がいっぱい。上手に利用して料理上手に

砂糖は調理上たくさんの重要な役割を果たしています。その多くに関わっているのが親水性という水に溶けやすい性質で、代表的な働きはデンプンを柔らかく保つこと。寿司飯や餅菓子などがかたくならずにしっとりとした食感を保てるのもこの働きによるもの。

その他、パンを作るときは酵母の栄養源になって発酵を促進させます。プリンを作るときは卵や牛乳に加える砂糖が凝固温度を高くしてかたまりにくくし、なめらかな口当たりにしてくれます。ホイップクリームやメレンゲの泡立ち保持力にも砂糖が一役。

ジャムや羊羹が腐敗しにくいのは、多めに使う砂糖が食品の水分を抱え込み、水分で増殖するカビ菌などの微生物を働けなくするため。

甘味＝太るからと極端に砂糖を控えるより、特性を最大限に活用して料理の腕を上げたほうが得策です。

第1章

「おいしい」「まずい」の分かれ道を科学で解明!

「おいしさ」は見た目が9割 味はたったの1％

\POINT/

色調の調和、食材の照り・つや・みずみずしさ、香ばしい焼き色など、視覚から得る情報は実に多様！

「おいしさ」は視覚で味わう

人が「おいしさ」を判断する指標は、検証によれば、見た目（視覚）が83～87％、音（聴覚）7～11％、香り（嗅覚）1.5～3％、食感・温度（触覚）2～3.5％で、味（味覚）は意外にもたったの1％だとか。

その証拠に、飲食店の店頭に陳列される食品サンプルや料理写真を見て、私たちは「おいしそう！」と判断し、注文しています。そのときに味の情報は実質ゼロ。いかに視覚的な情報に頼っているかがわかります。

さらに、料理を作るときには栄養面の考慮という愛情も加味されます。たとえば体に良いからと添えた緑黄色野菜。β-カロテンは化学的には比較的丈夫な構造で、実は数日たっても栄養成分はあまり変わりません。しかし私たちは採れたてでみずみずしく、つやがあり、鮮度が良い野菜を「おいしい」と感じます。

科学的に「おいしさ」の本質を逃さない

「おいしさ」の五感を満足させる調理のコツ

「おいしい」の感覚は環境の違いや年齢差などで異なりますが、本書では多くの人がおいしいと思える〝おいしさの本質〟を逃さない調理法をご紹介します。それらは今まで長年の経験や修業の積み重ねで得るものと考えられてきましたが、調理科学に基づけば誰でもおいしい料理を作ることができます。たとえば食材の切り方、水のさらし方、熱の入れ方、調味料の加え方、食材の相性など。これらの科学的根拠を知ると料理はもっとおいしくなります。その「おいしさ」の要因は、前述通り視覚が大きな割合を占めており、その証拠に目隠しをされると感覚が鈍り、何を食べたか判断できないほど。おいしい見た目は食材の色、照りや焼き具合、盛りつけなど複合的な要素で感じるもの。ここでは「おいしさ」の五感を満足させる調理のコツをお教えします。

おいしいご飯は冷水で炊く

\POINT/

冷蔵庫で米の浸水が無理なら、炊くときに氷を入れて水温を下げる方法も。その場合は水3に氷1の割合が適量。

冷水炊きご飯の甘みと粘り、冷めても再加熱でも美味持続

炊飯器でも鍋炊きでも、共通するのは米を浸水させること。米は乾物なので、芯まで吸水させることで炊き上がりは粒が立ってふっくらに。従来なら米の浸水時間は暑い季節で約30分、冬場は約1時間半とされ、このとき使う水に特に指定はなく、あるとしてもミネラルウォーター程度でした。ところが最近のおいしいご飯を炊く秘訣というのは、水温を下げて炊くというもの。その方法は洗い米に冷水を注ぎ、冷蔵庫で低温を維持して2時間以上置き、浸水時間を長くとっています。じっくり吸水して冷たい状態で炊き始めると、通常の炊飯より沸騰までの時間が長くなり、その分、米がより多く吸水するため、米に含まれるでんぷんが柔らかくなり、ふっくらと甘みと粘りのあるご飯に炊き上がり、冷めても、再加熱してもおいしくなります。

＼コツをおさらい！／

調理実習 氷でおいしく米を炊く

手順1

ふつうに米を研ぐ

米の研ぎ方、洗い方は通常通りでOK.

手順2

水3：氷1で炊飯

米に3/4量の水を入れ、残り1/4量は氷を入れる（合計水分量は通常と同じ）。冷蔵庫で2時間浸水させる。

※水と氷の重さは同じなので、水の重さを計って入れる分量を決めると良い。

手順3

ふっくら炊き上がり

通常コースを選んで炊飯すると、いつもよりモチモチした食感で、ふっくらとご飯が炊き上がる。

ご飯が残ったら、熱いうちに包んで冷凍がいちばん

ご飯を冷凍する場合、ラップや密閉できる保存袋を使いますが、ご飯が冷めてから包むのはNG。ご飯は冷めるにつれて水分が抜けていき、パサついたりかたくなったり、でんぷんの老化（β化＝ベーター化）が始まるので、老化する前に冷凍することが大事。それには炊き上がったらすぐに湯気ごとラップで包むこと。つまり、蒸発しようとした水分をラップで包み込むことで、ご飯に適度の水分が残り、電子レンジで再加熱してもふっくら柔らか、おいしいご飯になります。

乾麺は水につけて時短ゆでに

\POINT/

乾麺も干し椎茸や麩と同類の乾物。水に浸けるのは理にかなった方法。

ただ水につけるだけで生麺のようにもっちもち

うどん、そば、パスタなどの乾麺は、地味な存在ながら長期保存可能な頼もしい存在。どこの家にもどれか1種類は常備されているほど実は隠れた人気商品。ただ一つ、弱点といえば生麺のようなもっちりとした食感に欠けること。乾麺だからそこはしょうがない、と妥協する前にこちらでお試しを。麺の水づけ法です。乾麺なら日本そばでもパスタでも種類を問わず、麺が隠れるくらいの水を注げば準備ＯＫ。たとえば日本そばなら10分ほどつけておくと、ゆで時間は表示時間の半分ですみ、つけた水を捨てずに使えば、そばの風味がアップし、打ちたての生そばのようにもっちり、つるり、抵抗感ゼロののど越しのよさも得られます。水づけにして引き上げる時間の目安は、どの乾麺でも吸水した麺を持ち上げてUの字を逆さにしたようにたらりと下がればＯＫ。

＼コツをおさらい！／

調理実習 パスタのつけ置き時間を短縮

手順1

湯にパスタを13分つけ置き

通常1.7㎜パスタは90分以上水につける必要があるが、湯を沸かしてパスタを入れ、火を止め、13分待つ。

手順2

再加熱して1分ゆでる

13分つけ置きしたら、再び火をつけて再沸騰させて1分ゆでる。

手順3

冷水で麺をしめる

ザルに上げて冷水で洗って麺を締める。

乾麺の水づけ法はパスタ類にも最強。生パスタ状態に

乾麺の水づけは種類や太さなどでつけ時間が変わります。持ち上げて逆さUの字になるまでを目安にしますが、たとえば1.7㎜のパスタなら水にしっかりつかった状態でラップかふたをし、冷蔵庫に90分以上入れておくと生パスタ風になり、ゆで時間はわずか1〜2分でOK。

つけ過ぎた場合でも心配無用。ゆでずに、じかにほかの具材といっしょにフライパンで炒めると、もちっと生パスタのような食感になります。ただし、「早ゆで」と表記されたパスタは例外です。

たけのこのアク抜きは大根おろし！

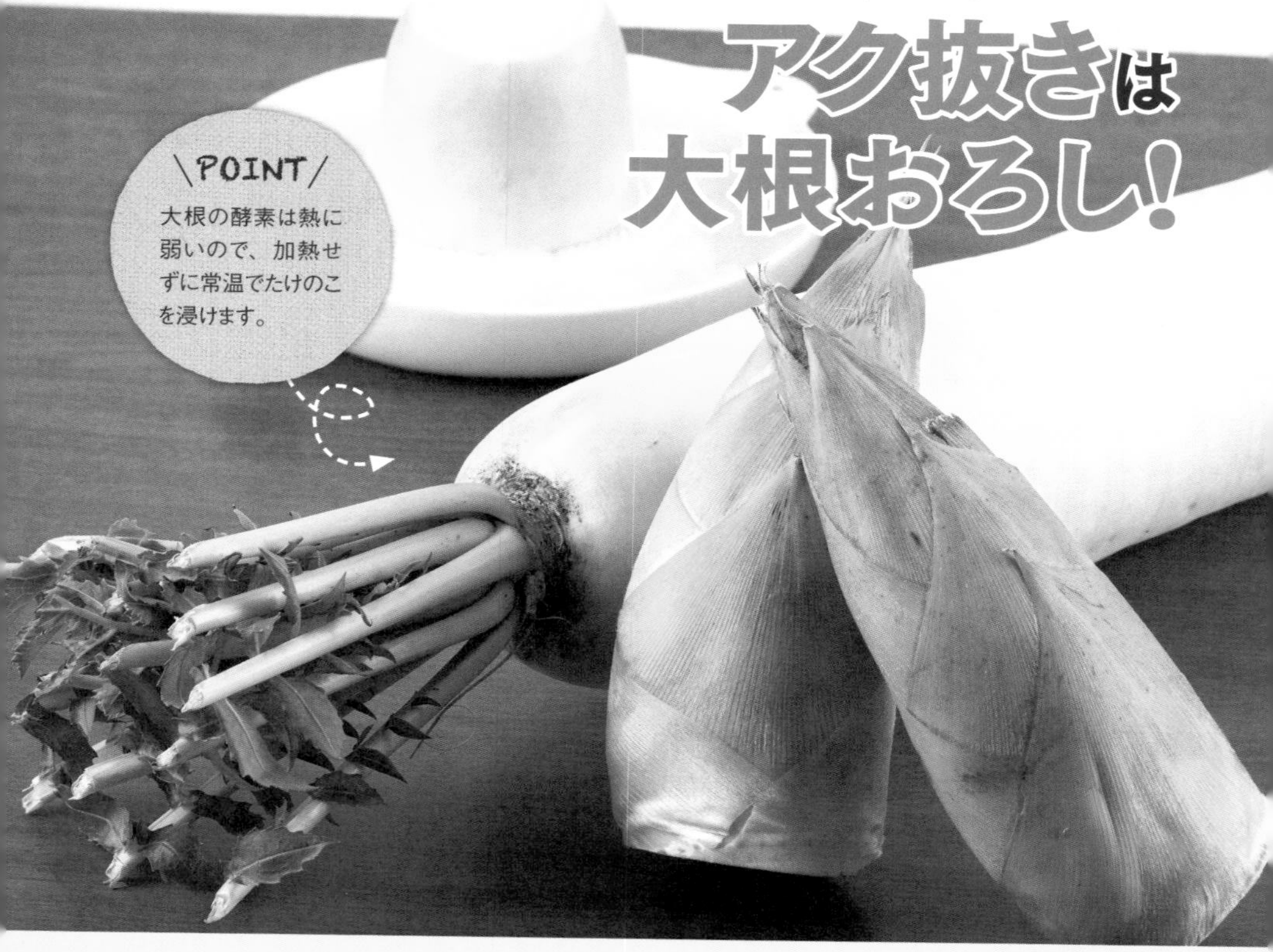

\POINT/
大根の酵素は熱に弱いので、加熱せずに常温でたけのこを浸けます。

アク抜きは米ぬかでゆでず大根おろしにつけて手軽に

ハウス栽培や養殖などで1年中店頭に並ぶ食材が増え、旬が遠くなってしまったといわれる昨今、本来の旬の時期にならないと出てこない数少ない食材の一つであるたけのこ。旬の春に出回るのは皮つきのたけのこですが、掘り出してすぐ以外はアク抜きが必要です。たけのこのアクの正体はシュウ酸やホモゲンチジン酸というもので、この成分を抑えるための一般的な方法は、米ぬかと赤唐辛子を加えて長時間ゆでたり、後の処理もあるしでひと手間仕事です。もっと手軽にアク抜きができれば使いやすいという声も。

そこで大根おろしを使う方法。大根を皮ごとすりおろして汁を絞り、汁＋同量の水に約1％の塩を加えたおろし液に、皮をむいて食べやすい大きさに切ったたけのこを約1時間つけておくだけ。煮物やたけのこご飯などにすぐ使えます。

＼コツをおさらい！／

調理実習 つけて簡単アク抜き

手順1

大根おろし汁を抽出

皮つきのまま大根を1/3本すりおろし、キッチンペーパーなどで汁を絞り、200mℓの大根おろし汁を抽出する。同量の水200mℓと合わせる。

手順2

たけのこを1～2時間つける

皮をむいて、食べやすい大きさに切ったたけのこをつける。塩小さじ1弱を加え、たけのこのアクを出やすくする。落としぶたどをし、1～2時間つける。

手順3

下ゆで時間は1～2分

1～2分ゆでればさらにアクが抜ける。炊き込みご飯なら、下ゆでなしで直接煮込んでOK。酒を入れて煮る場合もこの下ゆでなしで直ゆでし、味つけをする。

アルカリ性の重曹でえぐみを中和。簡単、手軽にアク抜きも

たけのこのアクの正体ホモゲンチジン酸は水に溶けやすく、収穫直後ならゆでるだけで減少しますが、時間が経つと酵素により増えていくので、まずはこの働きを止めるアク抜きを。その方法は前述の大根おろしも効果大ですが、手軽に使えるのはアクを中和するアルカリ性の重曹がおすすめ。水1ℓに重曹（必ず食用を使う）小さじ1の割合で沸騰させ、鬼皮と先端を取り除いたたけのこを入れ、竹串がスッと通るまで20～40分ゆでます。そのままゆで汁ごと冷まして水で洗えば完成。

きのこは冷凍でうま味がアップ!

\POINT/

干ししいたけのうま味成分グアニル酸は生しいたけの約10倍。冷凍きのこは種類を選ばず、うま味成分は約3倍に増えます。

多めに買い込んだときはうま味が倍増、冷凍保存を

最近話題のきのこの冷凍。もともと生のきのこにはうま味成分がほとんどありません。干ししいたけが生しいたけよりも香り、うま味が強いのは、乾燥する過程で酵素と熱の働きによって香り成分（レンチオニン）とうま味成分（グアニル酸）が増えるから。細胞にはさまざまな酵素がありますが、生きている細胞の中で酵素が勝手に働くことはありません。細胞が死んだ時点で酵素の活動は始まります。この理論から、きのこは長時間干さずとも、冷凍するだけでうま味成分をアップできることがわかります。冷凍により、細胞内の水分が凍って体積が膨張すると、細胞膜が破れて細胞が壊れ、うま味成分が出てきます。凍ったままですぐ加熱調理ができ、短時間でもうま味が出るのは大きな魅力。生のきのこは年中安値安定で、ほかに代えがたい使い勝手の良さです。

＼コツをおさらい！／

調理実習 うま味アップの冷凍きのこ使い

手順1

生のしいたけを食べやすい大きさに

生のしいたけを食べやすい大きさに切って、1食分ずつフリーザーバックへ。

手順2

一晩冷凍する

一晩冷凍すると、うま味成分がアップしている。

手順3

解凍せずに、凍ったまま投入

解凍不要。凍ったままで炊飯器や鍋へ入れる。

冷凍きのこはすぐに調理できるように「切って小分け」が便利

干ししいたけと同じ効果が得られるのが冷凍しいたけ。家庭で冷凍するときは、加熱後すぐ食べられるように切っておいて、冷凍用保存袋に入れて冷凍庫で一晩おけばうま味成分は出てきます。保存目安は1ヵ月。いずれのきのこも冷凍でうま味は増えるものの、なめこ・しいたけは多少褐変し、エノキ・えりんぎ・ぶなしめじは独特の歯ごたえがなくなり食感がふにゃふにゃに。舞茸は特有の苦みが増えます。冷凍すると食感がなくなるので、煮物、汁物、鍋物、炊き込みご飯などの加熱料理がおすすめ。

\POINT/

葉物野菜専用のビニール袋は野菜から出るエチレンガスを排出して劣化を防ぐ機能があるので、袋に入れたままで冷蔵庫へ。

葉物・芽野菜は野菜室じゃなく0～5℃の冷蔵室保存

しおれやすく日持ちしない葉物は、この方法で長持ち

毎日の食事をバランスとるために、野菜不足にならないためにと、冷蔵庫の野菜室は常にフル稼働。とにかく野菜であればなんでも野菜室に収めてしまうのが当たり前だと思われていますが、この保存法が適切ではないために、せっかくの栄養が失われてしまうことが多いのです。特にチンゲイサイや小松菜などの、すぐにしおれてしまう葉物野菜は、温度が高いほどビタミンCが失われます。冷蔵庫の中でいちばん温度の高いのが5～10℃に設定されている野菜室。葉物野菜にとっていちばんいいのは温度設定が0～5℃の冷蔵室。それも冷気がたまりやすい最下段が保存に最適です。

葉物と同じ理由で豆苗やブロッコリー、もやしなどの、いわゆる芽野菜も野菜室は適温ではなく、冷蔵室での保存が向いています。

＼覚えておきたい！／

まめ知識 葉物、芽野菜の保存テク

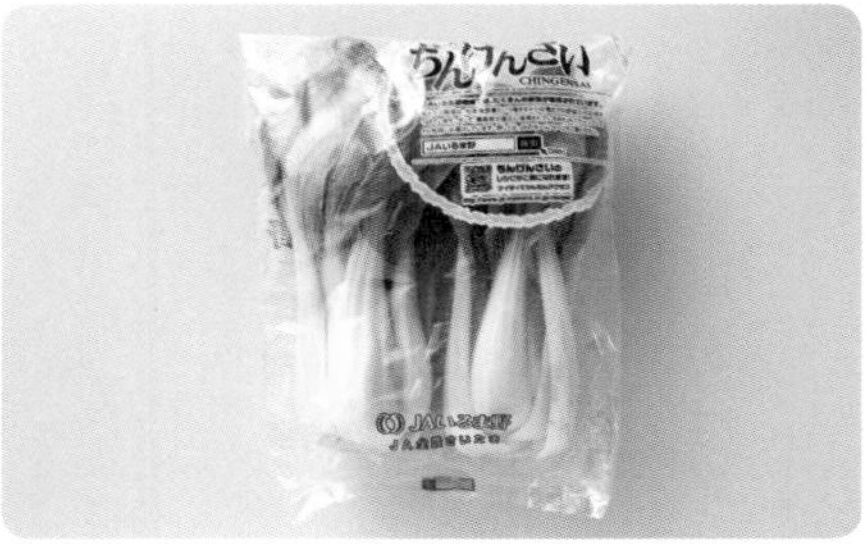

まめ知識1

専用ビニール袋は外さない

葉もの野菜専用のビニール袋はそのまま使う。専用袋には野菜からでるエチレンガスを排出し、劣化を防ぐ機能が備わっているため。

まめ知識2

にんにくは皮ごと冷凍で風味をキープ

にんにくを冷蔵庫や常温で保存すると、発芽したり、水分が抜けてシワシワに。ばらして、薄皮がついたまま2～3片ずつラップで包み、フリーザーバックに入れ冷凍庫へ。6ヵ月程度の保存が可能。

まめ知識3

意外と多い芽野菜の仲間

呼吸が盛んなブロッコリー、モヤシ、豆苗など芽野菜は、冷蔵庫の下の段に保存する。

葉物は立てて保存。育った状態に置くと鮮度が長持ちします

冷蔵庫がいっぱいで、やむを得ず野菜室へ入れる場合は、葉物野菜は上に向かって成長しようとするので、収穫後もそのまま上に向かった状態の立てて保存が最適。これがねかせた状態で保存すると、起き上がろうとしてエネルギーを使うため、せっかくの葉物野菜のビタミン、ミネラルなどの栄養分が失われてもったいないことに。また葉物以外でも、長ねぎ、わけぎなどのねぎ類は、半分に切ってもねかせると起き上がろうとして曲がってしまいます。これらも立てて保存しましょう。

にんじん、じゃが芋はチルド室保存で糖度をアップ！

\POINT/

じゃが芋は収穫直後の糖度はほぼゼロ。低温で貯蔵することで〝凍ってはダメセンサー〟が働き、でんぷんが糖分に変化します。

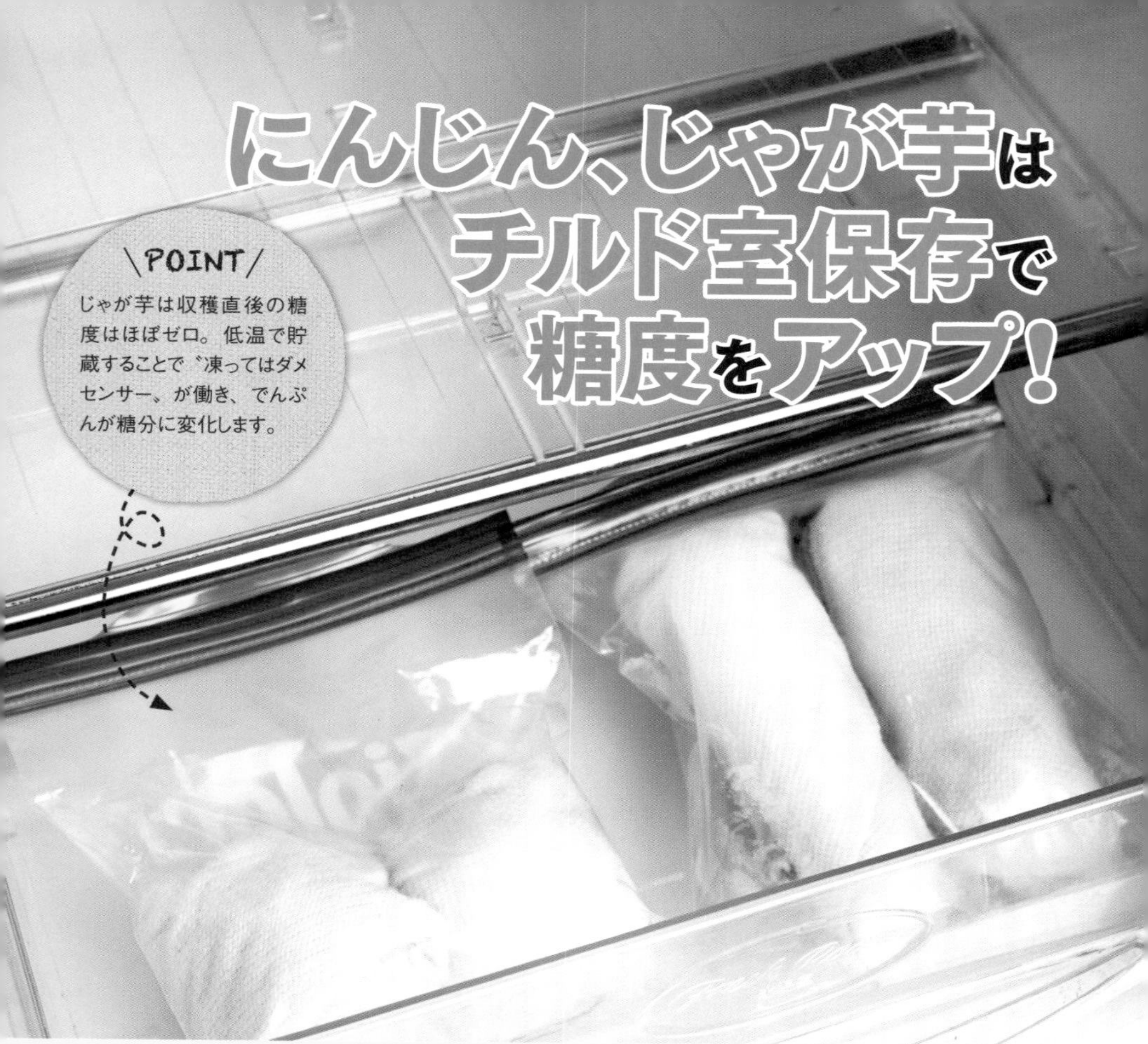

雪国の知恵、雪室《むろ》貯蔵からヒントを得た家庭の貯蔵法

にんじんやじゃが芋は〝冷蔵庫に入れず、常温保存〟でもOKといわれてきました。しかし、もっとおいしく食べるには、0℃近い氷温の環境に保存するとよいことが、科学的にわかっています。

雪国での雪室貯蔵という保存方法も、この理論にのっとったもの。0℃に近い環境に近づくとにんじんやじゃが芋は、凍らないように自身で内部のでんぷんを分解して糖を作り出す〝低温糖化現象〟を起こします。その結果、収穫時より糖度がアップして、甘くなります。これを自宅で実践するには、0～3℃に設定された冷蔵庫のチルド室で保存します。

糖質量の高い、かぼちゃ、玉ねぎなども同様に、0℃に近い環境でじっくりねかせると、砂糖がいらないほど甘くおいしくなると言われています。ぜひ、お試しあれ。

＼コツをおさらい！／

調理実習 チルド室で糖度をアップ

手順1

にんじん、じゃが芋をキッチンペーパーで包む

にんじん、じゃがいもをキッチンペーパーや新聞紙などで包む。1個ずつでなく、数個まとめて行ってもOK。

手順2

濡らしたタオルで包む

水で濡らしたタオルや布で包む。

手順3

保存袋に入れてチルド室へ

フリーザーバックに入れて0〜3℃設定のチルド室へ。保存期間は約1ヵ月を目安に。これ以上長く保存しても甘くはならず、逆に傷む場合もある。

果物のように甘くおいしくなる「雪室にんじん」を再現

根菜のにんじんは、常温保存でOKなイメージですが、実は0〜5℃が最適な保存温度。雪国の「雪室貯蔵」にならって、0〜3℃に設定された冷蔵庫のチルド室に保存すれば、独特の青臭さや雑味が少なくなり、本来の甘みが引き立ち、糖度が2度ほど高くなると言われています。チルド室に入れると甘みが増すときくと、何でも入れてみたくなりますが、野菜によって向き不向きがあります。たとえば暖かい地域で育ったさつまいもは雪室に入れても甘くならずに溶けてしまうといった実験結果もあるそうです。

うま味を格段にアップさせる冷凍あさり

\POINT/

殻付きで冷凍したあさりは凍ったままで調理を。自然解凍すると殻が開きにくいので、うま味が出にくくなります。

小さな殻の中は貝類特有、うま味成分コハク酸の宝庫

あさりは生の状態より、冷凍したほうが、うま味が数段アップします。あさりの細胞にはうま味エキスのグルタミン酸と、主に貝類に含まれるコハク酸がいっぱい。このコハク酸は日本酒にも含まれますが、あさりのほうが断然多く、しかも冷凍するとさらに多くなってうま味が増します。うま味は、生のあさりだと細胞に閉じ込められて外に出にくいのですが、冷凍して細胞を壊すことで外に出やすくなり、うま味エキスが最大限に引き出されます。冷凍することで長期保存も可能です。冷凍しないで使いたいときは、砂抜き後に濡らして絞ったキッチンペーパーをかけて乾燥を防ぎ、20℃前後の室温で約3時間置きます。あさりはえら呼吸ができなくなるとコハク酸を作るので、強いストレスをかけることで貝類特有のうま味成分が引き出されます。

＼コツをおさらい！／

調理実習 急速冷凍でうま味アップ！

手順1

あさりの生息地を再現する

あさり300gに対して、3%の塩水（水200mℓ、塩6〜7g）を用意し、冷暗所で砂抜きする。スーパーで購入したあさりは1〜2時間、潮干狩りしたものは半日ほどが目安。新聞紙やアルミホイルをかぶせて砂の中を再現するのが砂出しのコツ。

手順2

水けを取る

殻をこすり合わせてきれいに洗い、キッチンペーパーで水けをふき取る。

手順3

あさりを急速に冷凍する

フリーザーバックにあさりを入れて空気を抜き、あさりが重ならないようにし、金属トレイに乗せて急速に冷凍する。

上手に冷凍して栄養、うま味を丸ごと摂り込む

あさりは砂抜きしたものを用意し、キッチンペーパーなどで殻の水けをふきます。これを冷凍用保存袋に入れて袋の空気を抜き、重ならないように平らにならします。あとは急速冷凍ができるように金属製のバットやトレイにのせ、冷凍庫に入れておくだけ。急速冷凍にしないと、あさりが適温だと勘違いして殻から身を出すことがあり、そのまま冷凍してしまうため。こうして冷凍保存したあさりは身が縮みにくいので、加熱してもふっくらぷりぷり状態が保てます。使うときは凍ったままでみそ汁、酒蒸しなどに。

塩水フリージングで魚のうま味を増やす！

\POINT/

塩味をつけたまま冷凍するので、焼き魚にする場合は解凍後のふり塩は不要。そのまま焼けば身はふっくら、しっとり。

今話題の塩フリージングは解凍後も鮮度良好の冷凍法

鮮度の良い魚を刺身にしたが、食べきれずに残してしまったので、切り身にして冷凍保存に。解凍して食べようとしたら身が冷凍焼けしてなんだか冷凍臭い。家庭で冷凍した場合に起こりがちな現象ですが、これを冷凍前のおいしい状態にキープする方法があります。それが塩フリージングというもの。その方法はとても簡単。まず冷凍したいのもが切り身魚なら、切り身の重さの1％程度の塩を全体にふります。これで塩の脱水作用が働き、魚の臭みが水分とともに出てくるのでふき取ります。このとき塩は魚のたんぱく質の保水力を高めて身をしっとりと保ち、さらにはうま味も引き出すという、もう一つの働きをします。あとは空気にふれないようにラップをするか保存袋に入れ、空気を抜いて冷凍するだけ。これで解凍後もおいしく食べられます。

＼コツをおさらい！／

調理実習 魚丸ごと塩水フリージング

手順1

塩をふって、余分な水けを取る

好みの魚を丸ごと1尾、たっぷりの水、1%の塩水を作る塩（水1ℓなら塩10g）を用意。

手順2

汚れを洗い、水けをふく

内蔵、ウロコ、ヒレはついた状態のままで水で汚れを洗い流す。水けをキッチンペーパーでふき取る。

手順3

1%の塩水に魚を入れ、冷凍

1%の塩水を作り、フリーザーバックに魚と共に入れ、空気を抜いて急速冷凍。食べる際は流水で解凍するか、冷蔵庫で1日かけて解凍する。

※塩水の量は魚が丸ごとつかる程度を入れる。

1%の塩水につけたまま冷凍する

塩をふる冷凍法以外に、塩の効能を生かした1%の塩水（水1ℓに塩10gの割合）活用の冷凍法をご紹介。

まずは丸ごとの魚やいかなどの保存におすすめの、塩水につける方法。新鮮なうちに水洗いして水けをふき、頭、内臓、ウロコをつけたままフリーザーバックに塩水とともに入れ、全体を浸して口を閉じて冷凍室へ。もう一つは塩ゆでの方法で葉物や根菜の野菜の保存向き。塩水を沸騰させて約10秒、くぐらせる程度にゆでて手早く冷まし、保存袋に入れて冷凍を。

「さ、し、す、せ、そ」の順番で入れる科学的なワケ

POINT
調味料を入れるタイミングを覚えると、ワンランクアップの味に。

砂糖が一番先なのは、分子が大きいから

よく聞く料理の「さしすせそ」とは、「さ」砂糖、「し」塩、「す」酢、「せ」しょうゆ（旧仮名遣いのせうゆから）、「そ」みそのことを指し、この順番で味をつけることは科学的にも理にかなっています。砂糖を最初に入れるわけは、砂糖の分子が塩の分子の6倍ほども大きく、食塩を先に入れると、食材のすきまを塩の分子が埋め尽くしてしまい、砂糖が入るスペースがなくなってしまうから。塩が先に食材に染み込むと、味つけも塩辛くなりやすく、味の修正がしにくいというデメリットがあります。

酢、しょうゆ、みそは味つけの最後に入れ、加熱時間を短くすることで発酵食品ならではの風味を活かします。ただし、酢は酸味をまろやかにしたい場合は早めに入れて加熱し、逆に酸味が欲しいときは後から入れたりします。

＼覚えておきたい！／

まめ知識 プロの暗黙ルール

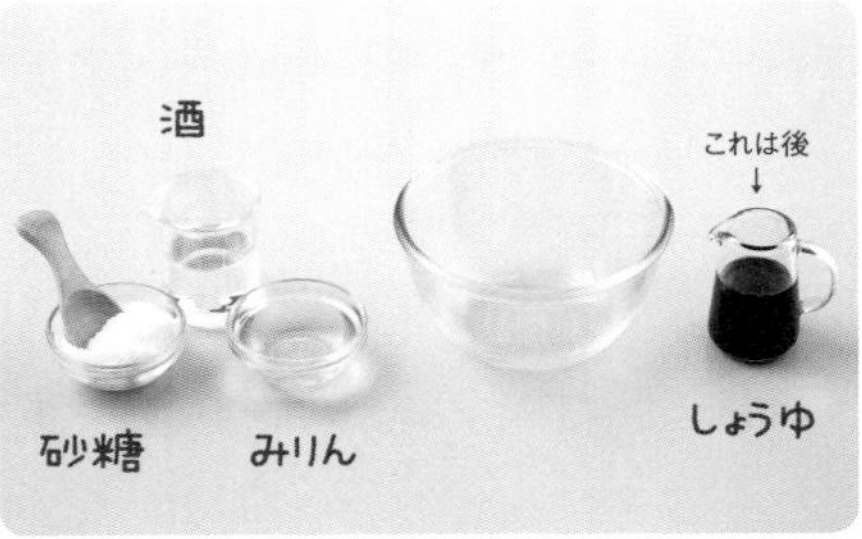

まめ知識1

調味料を混ぜるのはNG

調味料A【砂糖、酒、みりん、しょうゆ】などを一度に混ぜて加えてはダメ。砂糖、酒、本みりんは一緒に入れてもOKだが、料理酒やみりん風調味料は塩分が入っているので、しょうゆなどと共に最後に入れる。

まめ知識2

酢を入れて素材を柔らかく

だしを取った昆布で佃煮を作る場合など、しょうゆ、みりん、酒、砂糖などで煮るが、酢を入れると柔らかく仕上がる。酸味を残したい場合は、仕上げる直前のタイミングで入れるとよい。

まめ知識3

煮物を作る際しょうゆは最後

たとえば肉じゃがを作る場合、調味料を入れる順番は、①日本酒、砂糖（本みりん）②塩、しょうゆで、塩分が含まれる調味料は最後が基本。

調味料は混ぜない！ 必ず砂糖から先に入れること

料理のレシピによく登場するのが、カッコでA、Bなどとくくった調味料の記載。よくやりがちなのは、カッコ内の調味料を全部混ぜて一度に入れてしまうこと。

でもそれ、ちょっと待って！ まずは砂糖が先、塩分がある調味料は後で入れるのが基本のルール。味つけは「さしすせそ」順と覚えましょう。

例外は魚の煮つけで、全ての調味料を鍋に入れ、煮立てたところに、魚を入れて煮ることで味がよくしみ、煮くずれを防ぐことができます。

50℃洗いで肉、魚介、野菜がよみがえる

＼POINT／

50℃洗いの注意点。冷凍の肉、魚介は凍ったまま50℃洗いを。ひき肉は溶けるのでNG。洗った後は保存には不向きです。

食材は50℃の湯で洗うと細胞が活性化する

最近注目されている食材の50℃洗いとは、肉や魚介、野菜などの下ごしらえを水ではなく、約50℃（48〜52℃）の湯で洗うというもの。肉や魚介は空気に触れると酸化して味の劣化が進みますが、50℃の湯で洗うことで酸化した部分や汚れ、余分な脂肪やアク、臭みなどが取り除かれ、本来のうま味が戻ります。たとえばパサつきがちな鶏胸肉は、50℃洗いすることで水分を吸収してふっくら、うま味もアップします。また、野菜がしおれるのは収穫後に水分が蒸発しないよう自ら細胞の気孔を閉じるためで、これを50℃の湯で洗うと急激な温度変化（ヒートショック現象）によって気孔が開き、水分が吸収されてシャキッと瑞々しさが戻ります。根菜などの泥つき野菜を洗うときも汚れがきれいに落ち、ビタミンや糖度が上がり、自然な甘みが出てきます。

＼覚えておきたい！／

まめ知識 50℃洗いをマスター

まめ知識1

50℃の湯を作る

沸騰した湯と水を同量混ぜると50～55℃になる。温度が高めの場合、水を少し足して48～52℃くらいに調整する。

冷凍された食材や、つけ時間が長めの食材は、冷める分を考慮して52℃くらいにするとよい。

まめ知識2

生肉は50℃、冷凍肉は52℃

生肉は50℃の湯に4～5分つけてから、表面を軽くなでるように洗う。冷凍肉は52℃の湯に2～3分つけてから、中が少し凍った状態で表面を軽くなでるように洗う。

まめ知識3

魚介（生、冷凍）の50℃洗い

魚介は生も冷凍も2～3分つけてから表面をなでるように洗う。冷凍の魚介は洗った後も中が少し凍った状態でOK。

50℃洗いの方法、洗い方のコツを覚えて料理上手に！

50℃洗い用の湯を作ったら、食材はいずれも湯につけてから表面を軽くなでて洗い、水けをきります。

生臭くなりがちな魚介類は、生も冷凍も50℃の湯に2～3分つけてから洗います。冷凍ものは洗った後も中が少し凍った状態のままでOK。あさりは50℃洗いしてから蒸すと、なめらかでプリッとした仕上がりに。通常、あさりは加熱により口が開いて身が収縮しがちですが、50℃洗いにより、殻から身が溢れるくらいにプリプリになり、泥臭さがなくなります。

プロ並み熟成肉を自宅で作る！

＼POINT／
昆布のグルタミン酸が肉のイノシン酸と合わさって、うま味がグンとアップする！

自宅で手軽に作るなら塩豚がおすすめ

熟成肉は本来、肉を風にあて、余分な水分を飛ばすドライエイジング法で作られます。この製法はたんぱく質やミネラル分が凝縮されてうま味成分のアミノ酸が増え、肉の繊維を柔らかくする、いわゆる熟成状態にするもので、濃いうま味が生まれます。ただし、訓練された技と適切な設備下で作るプロの仕事なので、自宅で作るのは菌のコントロールが難しく、肉が腐敗しやすいので避けたほうが無難。そこで一考。みそや漬物など日本伝来の発酵食品作りの知恵にならい、肉を塩漬けにして熟成肉にする方法。要は肉に含まれるたんぱく質を発酵の力でうま味成分のアミノ酸や核酸、グルタミン酸などに変化させるというもので、熟成肉に匹敵するうま味が醸されます。同様の方法で塩漬けにし、燻《いぶ》して仕上げるものにベーコンや生ハムなどがあります。

＼コツをおさらい！／

調理実習 うま味熟成「牛かたまり肉の昆布締め」

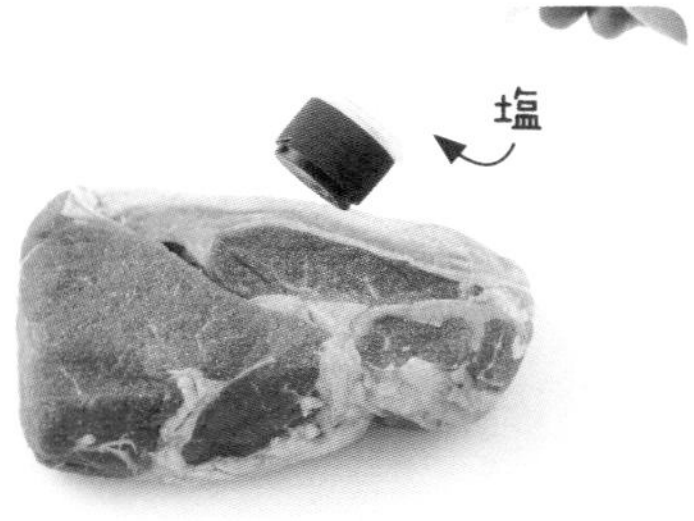

手順1

牛かたまり肉の水けをふいて、塩をふる

700g程度の牛かたまり肉（肩ロース）を用意。キッチンペーパーで水けをふき取り、天然塩を全面にふる。

手順2

昆布を日本酒で湿らせる

牛かたまり肉を巻けるほどの大きい昆布（あれば羅《ら》臼《うす》昆布）を用意。昆布を日本酒に10秒ほどつけて、昆布に牛肉をのせてくるむ。

手順3

ラップを巻いて冷蔵庫で1週間熟成

ラップで巻き、重石の皿をのせ、1週間冷蔵庫で熟成させる。牛肉の水けは昆布に吸収され、昆布のうま味が牛肉にしみて、うま味が濃厚に。ステーキなどで食べると絶品。

塩豚の材料は塩と豚肉だけ。作り方も超シンプル

豚肉はかたまり肉を用意し、水けをふきます。部位はバラ、肩ロースなどお好みで。ラップを広げて肉をのせ、肉の重量の3％の天然塩を全体にまぶして軽くもみ、キッチンの換気扇を回したそばに半日ほど置いて干します。これをラップ空気が入らないようきっちり包み、冷蔵庫で保存して仕込み終了。食べごろは2日後から約1週間。そのまま薄切りにして焼いたり、かたまりのままでゆでて、ゆで汁ごと冷ませば肉はしっとり柔らか。薄く切って香味野菜を巻いたり、ゆで汁はポトフやスープに利用を。

塩水バリアで安い肉がしっとりジューシーに

＼POINT／
塩水はたんぱく質の保水力を高め、素材をしっとりさせる作用も。

かたい肉が柔らか高級肉に裏技キーワードは塩水！

安くてお買い得の肉を加熱調理してみたらかたくてがっかり。そんな経験ありませんか。これは加熱による温度変化に肉のたんぱく質が反応するもので、高温加熱は肉の細胞組織が早く開き、水分が出て筋が縮み、かたい肉になります。

たとえば牛肉の場合は40℃過ぎからたんぱく質が変化し始めます。50℃ではまだ水分が残っているので、ミディアムレアー状態でジューシーですが、60℃を超えると筋が縮み始めてかたくなります。

肉料理のこんな失敗を解決する方法は、ただ塩水につけるだけ。塩は素材の水分を引き出す脱水作用があり、塩水浸水により肉の細胞が締まります。肉を加熱して55℃を超え、水分が出そうになっても細胞間のすき間が詰まっていることで水分が逃げづらくなり、パサつかずにジューシーさが保たれます。

＼コツをおさらい！／

調理実習 お肉ジューシー塩水バリア

手順1

3～5%の塩水を作る

肉が丸ごと入る大きなボウルを用意し、水1ℓに30～50gの塩を入れて塩水を作る。海水より塩辛い。

手順2

肉を入れて冷蔵庫でねかせる

牛かたまり肉を入れてラップをかけて冷蔵庫で2時間ほどねかせる。

手順3

2時間後

肉の細胞組織が締まって、塩水バリアができている。

塩水につける時間は肉の種類や大きさ、温度などで加減を

肉をつける塩水は、水1ℓ（1kg）に対し3～5％（30～50ｇ）が目安。肉を入れたらラップで覆い、2時間ほど冷蔵庫でねかせると、肉の細胞組織が締まって塩水バリアができます。ほどよい弾力と、下味代わりの塩味がつくので味がぼやけず、料理の味が決めやすくなります。ただし薄切り肉の場合は、フライパンで炒めたりするとすぐに60℃以上の温度になり、塩による保水効果が期待できないので、この塩水バリアはステーキ、煮込み用など厚切り肉におすすめです。

冷凍肉の解凍はボウルの「氷」におまかせ

\POINT/

家庭用冷蔵庫でかたまり肉の冷凍はNG。使いたいサイズに切り分けて冷凍し、氷温解凍すると高級肉並みのうま味が残ります。

氷温解凍ならドリップの流出ゼロ。おいしさそのまま

種類を問わず、どんな肉でも適切に冷凍し、解凍時にドリップ（冷凍時に氷結した水分が細胞膜を突き破り、組織内のたんぱく質やビタミンなどが流出すること）が出なければ、肉質はほぼ生の状態に近く、おいしさを維持できます。しかし、解凍時にドリップが出ると、加熱してもせっかくの肉がうま味に欠け、パサパサの食感で残念な結果に。たとえば室温解凍は温度差で肉質が損なわれ、電子レンジ解凍は急激な温度変化で解凍むらができやすい。流水解凍や湯温解凍は急な温度上昇で肉の表面と中心部とに温度差ができ、鮮度が落ちます。いずれもドリップ流出が多いので避けたい解凍法。注目すべきは、ほぼゼロドリップで解凍できる氷温解凍法です。最近は料理、食品関係者の間で広く利用されていますが、難しい技は不要。家庭でも簡単にできます。

＼コツをおさらい！／

調理実習 冷凍肉を氷で解凍する

手順1

ボウル半分に氷を入れる

肉が丸ごと入る大きなボウルを用意し、ボウルの半分まで氷を入れる。

手順2

肉を入れてねかせる

フリーザーバックに入れた冷凍肉（150～200g）を1のボウルに入れてそのまま冷蔵庫で4時間ほど解凍する。

手順3

4時間後

生肉のような鮮度と弾力のある肉質に。

ボウルと氷、フリーザーバックが氷温解凍の使用道具

　ボウルは冷凍肉が丸ごと入る大きさのものを用意し、ボウルの半分くらいまで氷（製氷室でできたものでOK）を入れます。このボウルの中にフリーザーバックに入れた冷凍肉を沈め、そのまま冷蔵庫へ入れるか、断熱材の発泡スチロール製容器などに入れておけば準備OK。

　冬季の寒い時期なら暖房のない部屋においても。解凍の目安は、肉の大きさにもよりますが、150～200ｇの肉なら4時間ぐらいで解凍でき、生肉のような鮮度と弾力のある肉質になっているはず。

薄切り肉のつけ込みはパサパサの原因に

＼POINT／

味つけの調味料に、しょうがや玉ねぎのすりおろしを加えると、たんぱく質分解酵素の働きで肉がより柔らかくなります。

薄切り肉は塩分を含む調味料で下味をつけない

薄切り肉の調理は、肉に下味をつけてから炒めたり焼いたりする場合が多いのですが、下味はしっかりしみ込ませたほうがおいしいからと、長時間つけ込むのは間違い。とくに下味で使いやすいしょうゆ、みそなど、塩分を含む調味料は、塩の浸透圧によってうま味の宝庫の肉汁が奪われるので、加熱するとかたくなり、ジューシーとはほど遠いパサパサの食感になりがち。では下味はいつつけたらいいのか。実は塩分を含む下味はつけなくてもいいのです。薄切り肉はかたまり肉と違って火の通りが早い分、調味料ともすぐなじみます。たとえば炒め物なら肉の色が変わって火が通ってから、塩分の入った調味料を最後にからめるだけで十分です。また、しょうゆ、みそなどの焦げつきやすい調味料は、仕上げ直前のタイミングで使えば風味よくでき上ります。

＼コツをおさらい！／

調理実習 豚のしょうが焼きルール

手順1

つけ汁は使用せず小麦粉をまぶす

「豚のしょうが焼き」はつけ汁は使用せず小麦粉を均等にうっすらつける。

手順2

冷たいフライパンに肉を入れる

冷たいフライパンに油を敷き、肉を入れる（熱したフライパンに入れると肉が縮むでNG）。中火にかけ、肉に火が通ったらいったん取り出す。

手順3

調味液を作って肉を戻す

豚肉を取り出したフライパンに、薄切りにした玉ねぎ1/2個、調味料（しょうゆ・酒・みりん…各大さじ2、しょうがすりおろし…大さじ1）を加えて加熱。火が通ったら豚肉を加えてからめる。

薄切り肉の代表料理、豚のしょうが焼きはもっとおいしくなる。

豚薄切り肉の下味には主に酒、しょうゆ、しょうが汁を混ぜて使いますが、この場合は肉に軽くもみ込んでおきます。理由は酒としょうがには、ともにたんぱく質分解酵素があり、二つの相乗効果で肉に柔らかさと弾力が生まれ、少し時間をおくと成分が働きやすくなるため。ただし、つけ過ぎは逆効果。しょうゆの塩分による浸透圧で肉汁が出てしまうので4〜5分を限度に。なお、しょうがはチューブではなく、生をすりおろして使ってこそ成分の効果が得られ、風味もアップします。

薄切り肉は煮込まず短時間調理

\POINT/

薄切り肉を煮込み料理に使うなら、短時間加熱でうま味を残します。

パサパサ、ボソボソ。薄切り肉は長時間加熱が苦手

肉の煮込み料理の代表格といえば、シチューやポトフ、カレーなど。いずれも牛、豚肉などの外モモ、スネ、肩肉などのかたまりを大きめで、厚みがある状態にカットして使います。この部位は筋が多く、きめが粗くて肉質がかたいので長時間煮てもへこたれません。これは肉のたんぱく質に豊富に含まれるコラーゲンが、加熱で鍋の中の水分を吸収し、分子の小さいゼラチンやアミノ酸に分解されることで柔らかでうま味のある肉になるため。一方、薄切り肉はロースやモモ肉など肉質が柔らかめの部位が多く、肉が薄いために長時間煮ると、うま味のもとのコラーゲンが煮汁の中に流出し、肉の味が消滅してパサついた食感だけが残ります。煮込み料理に薄切り肉を使うなら、さっと炒めて別皿に取り出しておき、最後に鍋に戻せばパサつかずうま味が残ります。

＼コツをおさらい！／

調理実習 薄切り肉は煮込まない！

手順1

薄切り肉はさっと炒める

シチューやカレーなどで薄切り肉を使う場合は、さっと炒めて別皿に取り出しておく。

手順2

野菜を炒めて、水を入れて煮る

野菜などを炒めて、分量の水を入れ煮る。

手順3

肉を戻し入れる

肉を戻し入れて、さっと混ぜて完成。

肉の加熱は弱火が原則

肉の種類や厚切り、薄切りを問わず、煮込み料理はまず肉を焼くところから始めますが、このとき、強火でガーっと焼きつけるのはNG。肉のたんぱく質は約65℃から凝固作用が始まり、この温度を超えるとうま味が凝縮された肉汁が流れ出てしまうため。これを防ぐには、冷たいフライパンに油をひいて冷たい肉を重ならないように並べ入れ、弱火でじっくりと火を通すこと。厚切り肉ならほかの具材や水分の入った鍋に移して弱火で煮込み、薄切り肉は仕上がる少し前に鍋に加えて煮ます。

\POINT/

安くてお買い得なのに、少々かたくて残念な外国産冷凍肉も、食物酵素パワーでワンランクアップした柔らかい肉に変身。

酵素パワーでかたい肉を柔らかく

酵素の働きが期待できる身近な食材を活用し、おいしい肉に

酵素は大まかには体調を整える働きをすることで注目されていますが、それ以上に今、注目されているのは食材に含まれる食物酵素パワーの働き。よく知られているのは中国料理の酢豚に入っている生のパイナップル。この果物にはプロアテーゼというたんぱく質分解酵素が含まれるので、豚肉が柔らかく仕上がります。料理によく使う玉ねぎ、しょうが、大根などにもたんぱく質分解酵素が多く含まれ、これらはすりおろすと細胞膜が破れて中に閉じ込められていた酵素があふれ出て活性化し、切るよりも多くの酵素を摂取することができます。塩麹やヨーグルト、キムチなどの発酵食品も酵素を多く含みますが、最近の注目株はなんといっても、たんぱく質分解酵素のマイタケプロテアーゼを含む舞茸。肉といっしょに調理するとその効力はバツグンです。

＼覚えておきたい！／

まめ知識 お肉やわらかつけ込みワザ

まめ知識1

まいたけのみじん切りをからめる

まいたけのみじん切りと、少量の水と合わせる。牛肉の両面に塗り込み、ラップで包んだら、密閉できる保存袋に入れ、冷蔵庫で３時間程度つけ込む。

【合う料理】

牛ソテー、ハヤシライス

まめ知識2

すりおろし玉ねぎにつける

すりおろした玉ねぎと豚肉を、密閉できる保存袋に入れ、冷蔵庫で３時間程度つけ込む。

【合う料理】

ポークソテー、しょうが焼き

まめ知識3

ヨーグルトにつけ込む

ヨーグルトと鶏肉を密閉できる保存袋に入れ、冷蔵庫で３時間程度つけ込む。

【合う料理】

チキンカレー、から揚げ

食物酵素パワーで豚、牛、鶏肉を柔らかくする方法

どの肉もすりおろしたしょうが、玉ねぎなどに３時間ほどつけてから加熱調理すると、たんぱく質分解酵素が働き、かたい肉が柔らかくなります。パイナップルやキウイなども同様に使えますが、買い置きができて年中価格安定の玉ねぎやしょうがなら経済的。注目の舞茸も価格安定の優良食材。こちらはみじん切りにしてひき肉に混ぜて弱火加熱にしたり、小房にほぐして肉に一晩からめておいたものを、弱火でじんわり加熱すると、肉のうま味がしっかり残り、中までふっくら柔らかに仕上がります。

酒の保水力で肉を柔らかく

POINT

肉に下味をつけるとき、塩をふりすぎると肉の水分が流出してパサつくことが。酒をふると保水効果でしっとり仕上がります。

酒に含まれるアルコールは肉の臭み消しにも効力発揮

日本酒にワイン、ブランデー、ウイスキー、紹興酒など、世界中のおよそ酒と呼ばれるものにはアルコールが含まれています。もちろん飲用目的で造られていますが、日本で日本酒が古くから調味料としても使われてきたように、諸外国でもその国ならではの酒が料理に使われています。特に肉類には欠かせない存在で、いずれも肉に下味をつけるときに使えば、酒に含まれるアルコール成分が、肉の筋繊維たんぱく質の網目状の組織の中に入り込んで肉に保水効果をもたらし、肉のうま味を残して柔らかくしてくれます。また酒は含有アルコールの沸点が約78℃と低いため、この温度帯で材料に火が通りやすくなります。加熱時間が長いと肉のたんぱく質が縮んでかたくなりがちですが、短時間加熱なら肉のやわらかさ、しっとり食感をキープしてくれます。

\覚えておきたい！/

まめ知識 冷めてもジューシーな肉

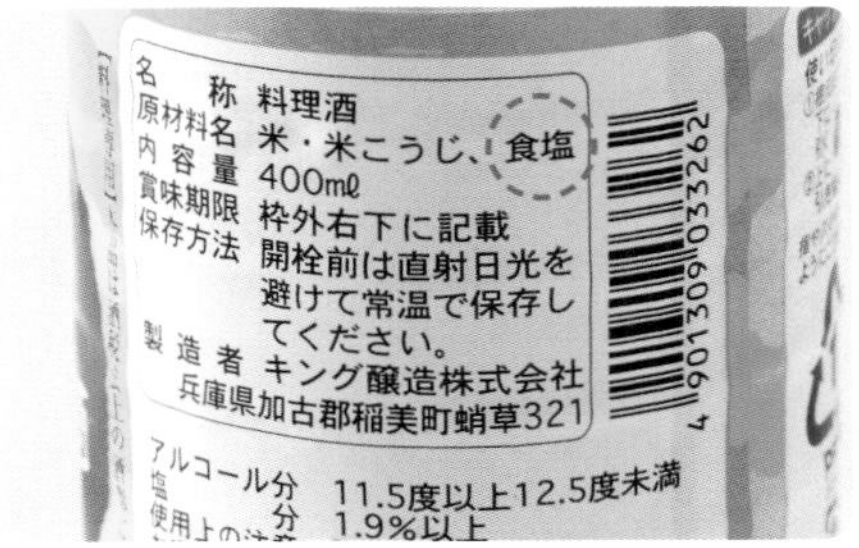

まめ知識1 料理酒は品質表示を確認

料理酒の中には食塩が2～3%（1ℓの料理酒の中に約20～30g）含んでいるものがある。品質表示を確かめて、使うときは調味料の塩分を控えめにします。

まめ知識2 つけ込み時間は1時間以上

酒は酸性なので、肉を柔らかくする効果がある。日本酒、ビール、ワイン、どの酒でもつけ込み時間は最低でも1時間以上と覚えておきたい。冷蔵庫で保存する。

まめ知識3 鶏胸肉は酒+砂糖でしっとり

鶏胸肉は脂肪が少なく、パサパサ食感になりがち。ジューシーに仕上げるためには、鶏肉の重量に対して、酒5%、塩1%と保水力に優れた砂糖1%を一緒にもみ込んでおくこと。

酒の保水力でパサつきがちな鶏胸肉もしっとり

鶏胸肉は高たんぱく、低脂肪に加え、うま味成分のイノシン酸が豊富。ダイエットやアスリートの食事によく利用されます。少々の欠点は加熱でパサパサ、かたくなりやすいこと。これは脂肪が少ない分、水分含有量が多く、加熱によって肉の水分が抜けてしまうため。この欠点を補ってくれるのがズバリ、酒。調理の目的に合わせて日本酒やワイン、紹興酒などで下味をつけるとき、同じ保水力を持つ砂糖といっしょにもみ込めば、ダブル効果で加熱してもパサつかず、しっとりとした食感に。

しゃぶしゃぶの水を炭酸水に変えてさっぱりと

POINT

炭酸水しゃぶしゃぶは、肉の余分な脂も抜けてさっぱり食べられます。

炭酸水にくぐらせると、脂身の多い肉もさっぱりと

しゃぶしゃぶは子供にも大人にも人気の鍋料理。主役は豚、牛肉などの薄切り肉が多く、だしを張った鍋の中で、文字通りしゃぶしゃぶと肉を泳がせて火を通し、ポン酢やごまだれなどで食べますが、近頃話題の食べ方は、だしの代わりに炭酸水を使うというもの。この炭酸水のしゃぶしゃぶ鍋仕立ては、加熱するとかたくなりがちな、脂身の少ない赤身肉でもふんわり柔らかくなるし、逆に脂身の多いバラ肉などは、余分な脂が抜けてさっぱりするのに柔らかく、うま味は残るという効果があります。なぜ炭酸水で肉が柔らかくなるのか。それは炭酸水が酸性の飲料（ペーハー2.4〜2.8程度）だから。この酸性の性質は肉に含まれるたんぱく質分解酵素を活性化させ、肉の組織を分解するため、うま味が損なわれずに柔らかくなるというわけです。

＼コツをおさらい！／

調理実習 炭酸水しゃぶしゃぶ

手順1

炭酸水を少し沸かす

鍋に炭酸水（無糖のものが使いやすい）を入れ、静かに沸騰するのを待つ。

手順2

肉をしゃぶしゃぶする

しゃぶしゃぶ用の薄切り肉を30秒ほどしゃぶしゃぶする。

まめ知識

かたい肉を炭酸水につける

脂身の少ない、かたい赤身肉などは肉の片面にフォークで穴をあけるなどして炭酸水に30分から1時間ほどつけ、冷蔵庫で保存する。コーラやビールでもできるが臭いが残る。

かたい肉の下ごしらえにも炭酸水は有効

しゃぶしゃぶを炭酸水仕立てにするときは、味に影響しない無糖を選び、炭酸水が静かにふつふつと沸騰したら肉を入れます。30秒ほどしゃぶしゃぶすると薄切り肉なので十分火が通り、炭酸水の効果で肉の繊維がほどけるので、柔らかでうま味のある肉になります。炭酸水の効果は、脂身は苦手だけれど、やわらかいステーキや焼き肉が食べたいときにも効果があります。この場合は脂身の少ない赤身肉などを30分から1時間、炭酸水につけておくと、かたくならずに焼き上げることができます。

肉だねのつなぎは保水性の高い麩がベスト!

\POINT/

麩は手で簡単に細かくでき、パン粉のように使い勝手も良好。

肉だねに麩を混ぜると、加熱しても肉汁が流れ出ない

ひき肉料理の代表格といえばハンバーグ。何度も食卓に登る人気メニューですが、ふっくらジューシーにならない、と失敗談も多く聞こえてきます。そこでお試しいただきたいのが、通常、肉だねのつなぎに用いるパン粉を麩に変えてみること。麩は原料の小麦粉からグルテンという良質の植物性たんぱく質を取り出したもの。このグルテンは肉汁を吸収して閉じ込めるので、うま味が流れ出ることなく、しっとりと保水性を維持したまま、ふっくらジューシーな焼き上がりになります。麩のグルテンは同じ小麦粉が原料のパン粉より多いばかりでなく、吸水性においてもパン粉より1.5倍も優れています。肉だねに使う麩はごく普通の、汁物などに利用されるものでOK。乾燥麩は安くて保存がきくので、常備しておくと、ひき肉料理のつなぎにとても重宝です。

＼コツをおさらい！／

調理実習 麩を肉だねの1/5量混ぜる

手順1

麩をくだく

麩をパン粉のように粗くくだく。

手順2

肉だねに混ぜる

ボウルにひき肉と、ひき肉に対して**塩**0.8～1％、**麩**15～20％の分量を入れて、すりこぎ棒で突いてこねる。ねばりけがでたらOK。

手順3

フライパンで焼く

冷たいフライパンに油をひき、ハンバーグを入れて弱火から中火で焼く。肉の割合が多いので、肉の食感やうま味が感じられるハンバーグができる。

肉だねに麩を混ぜてふっくらハンバーグ、ぜひお試しを

　ハンバーグの肉だねは牛、豚の合いびき肉が定番で、黄金比と言われているのが牛ひき肉7：豚ひき肉3の割合。これは脂肪分の少ない牛ひき肉を、脂肪分の多い豚ひき肉が補うバランスのよい割合ですが、柔らかいのが好みなら牛ひき肉6：豚ひき肉4の割合でもOK。麩の分量は肉の量の15～20％を目安にし、ビニール袋などに入れて手で軽くもみ、細かくして使います。肉の食感を出したいときは少なめに、ふわりと軽く仕上げたいときは多めにして分量の加減を。

から揚げは、調味液でまずは下茹で

POINT
片栗粉を薄く均一につけることも、サクッ、ふわりと仕上げるコツ。

調味液ごとじっくり加熱し、揚げる前に低温で火を通す

揚げたての鶏のから揚げ、熱々をハフハフ言いながら頬張るのは本当においしい！　大人も子供も大好きな人気おかずですが、残念ながら冷めてしまうとかたくなってパサついた食感になり、極端に味が落ちてしまいがち。このようにまずくなる理由のひとつに、肉を冷蔵庫から出してすぐ加熱調理することがあげられます。生の肉はいきなり高温の油で揚げると、急激な温度変化によって肉のたんぱく質が縮んで水分やうま味が流出してしまいます。これを解決するには、揚げる前に塩分濃度3%の調味液に肉を入れ、低温でゆっくり温め、水分やうま味の流出を最小限におさえることがポイント。いったん加熱した肉は、あとで高温で揚げてもかたくなりにくく、衣はサクッ、中はふわりとジューシー。冷めてもおいしいので、お弁当にもおすすめの方法です。

＼コツをおさらい！／

調理実習 冷めてもサクサクジューシー

手順1

調味液で下ゆでする

鍋に、一口大に切った鶏モモ肉300g、調味液（水…300㎖、しょうゆ・みりん…各大さじ3、しょうがの薄切り…2～3枚）を入れて弱めの中火にかけ、40～45℃まで加熱し、火を止めて5分ふたをする。

手順2

70℃まで上がったら火を止める

肉を裏返して中火で70℃まで再加熱し、火を止めて5分ふたをする。

手順3

鶏の水分を流出させない片栗粉の衣

鶏肉を取り出し、キッチンペーパーで水けをふき、片栗粉を薄くつけ、180℃の油で返しながら3分ほど揚げる。

冷めてもおいしい、もう一つの方法は、最近人気の塩水づけ

鶏肉は豚肉や牛肉に比べて脂が少ないので、調理の際、ジューシーに仕上げるには水分やうま味を逃さない工夫が必要です。それが水に5％以下の塩を混ぜた塩水（ブライン液）につける方法。5％を超えると塩の浸透圧作用により水分やうま味が出てパサパサになるので要注意。この塩水を鶏肉にかぶるくらいの分量を鍋に用意します。カットした状態の肉なら1～4時間、胸肉やモモ肉をそのまま、または丸鶏の状態でつけるときは4時間から一晩が目安。いずれも保存は冷蔵庫で。

人気ステーキ店の技は、メイラード反応にあり

\POINT/

うま味とコクをもたらすメイラード反応は、調理上の大切な要素。

香ばしさとコクが加味され きれいな焼き色も味のうち。

今日はステーキでも焼こう、と奮発していい肉を買ったのに、自宅で焼くとなんだかおいしくない。そんな悩みを解決するには、人気ステーキ店も実践する焼き方を参考に。それは適切なタイミングでメイラード反応を起こすこと。メイラードとは、この反応を研究したフランス人科学者の名に由来し、加熱調理中に起こる化学反応を指します。ステーキの場合、ジュウジュウ焼いたとき肉の表面の細胞が壊れて肉汁が流れ、この肉汁に含まれる糖とアミノ酸が反応して焼き色がつくことをといいます。この反応で褐色色素分子が作られ、焼いた肉のあの独特の香ばしさが生まれます。ただし、メイラード反応は加熱が進むにつれて焦げつき、もっと進むと炭化するので、火力を調整して適温で火を通すことでメイラード反応が起こり、おいしい焼き色がつきます。

＼コツをおさらい！／

調理実習 冷凍外国産牛肉を絶品ステーキに！

手順1

室温に戻す

肉を冷蔵庫から出し、室温（18℃程度）に戻しておく。

手順2

水けをしっかり取る

キッチンペーパーで水けをしっかり取っておく。焼き色がきれいにつきやすく、味を凝縮する効果がある。

手順3

肉汁を逃さない焼き方

フライパンに油をひいて、強めの火力で表面に焼き色（メイラード反応）をつけ、アルミホイルで包んで余熱で温める。

肉汁のうま味を逃さないベストな方法は二つあり

ステーキはメイラード反応だけでなく、肉汁のうま味を逃がさないこともおいしい！ の条件。その方法は加熱時にメイラード反応が起こる程度に火力を調整しながら、肉の内部温度を66℃以上にしないこと。これには王道といわれる二通りの方法があり、その一つは強火で表面だけ一気に焼き、肉の内部温度が上がる前に火からおろしてアルミホイルに包み、余熱で温める方法。もう一つはうま味成分が逃げないように50～60℃の低温で加熱し、最後に焼き目をつける方法です。

高級江戸前寿司店にいけすはない

\POINT/

刺身のうま味成分のイノシン酸は、魚を締めた後に増えてきます。

高級寿司だねはうま味を引き出した熟成魚を使う

いけすで泳いでいる魚をさばいて、すぐに刺身にする活け造りは、新鮮イコールおいしい、と思いがちですが、生魚を扱う江戸前の高級寿司店の多くにいけすはありません。とれたてイコール新鮮ではなく、魚をねかせる技術あってこその高級だからです。とれたての魚は身がコリコリして食感はよくても、魚本来のうま味には欠けます。なぜなら、魚は締めた後にうま味が増すので、死後に身の部分に含まれるアデノシン三リン酸（ＡＴＰ）という成分が、イノシン酸（ＩＭＰ）といううま味に変化していくため。これが俗にいう熟成魚（エイジングフィッシュ）で、ねかせてうま味を引き出したという意味です。寿司職人の技は、いかにこのＡＴＰを最大限に引き出すかが決めどころです。いい状態で熟成された魚はうま味と香気が口いっぱいに広がります。

＼覚えておきたい！／

まめ知識 釣った魚を熟成させるには？

死んだ時間が解れば、腐敗が始まる時間も解りやすいので、安全に熟成魚を作ることができる。釣り場で内臓まで取ることがとても重要。

魚の種類にもよるが、水揚げ後、最もおいしいのは7〜8時間おくこととされている。

まめ知識1 魚にストレスを与えない

魚が死ぬときにバタバタ暴れてエネルギーを使うとイノシン酸が減ってしまうため、それを防ぐために水産業者は苦しませずに即殺する。うま味の素がなければ、いくらねかせてもうま味は増えない。生きている状態で、暴れたり、ストレスを感じたりすると、ATP（うま味の素）の成分がなくなるので要注意。

まめ知識2 釣り場でやるべきこと

❶釣り上げる

↓

❷えらから包丁を入れ、延髄《えんずい》を絶つ

↓

❸海水に1時間ほどつけて血を抜く

↓

❹内臓、えら、ウロコをとり、腹を洗う

↓

❺氷の入ったクーラーケースでねかせる

まめ知識3 いかだって、熟成している

いかは新鮮なほどおいしいというイメージがあるが、アオリいかが一番おいしく食べられるのは甘みとうま味が増す24時間後。

熟成不要の養殖魚は、食べるタイミングでもっとおいしくなる。

天然物の魚に比べて、もともと身が柔らかい養殖魚は、刺身用なら締めた後は熟成させずに早めに食べたほうがいいようです。その際は包丁の入れ方や、しょうゆの使い方などにちょっと工夫を施すと、よりおいしく食べられます。たとえば白身魚のひらめ、ふぐなどは身がかたいので薄く切り、しょうゆは少々で。身が柔らかいまぐろ、かつおなどは厚く切り、しょうゆは多めにつけたほうがおいしく食べられます。どちらも、わさびはしょうゆに溶かさず、刺身のほうにつけます。

割引の魚を翌日もおいしく食べるづけ技

＼POINT／

柚庵《ゆうあん》地につける時間は、脂ののったまぐろやぶりなどは1時間、さっぱりとした白身魚の鯛やひらめなどは30分が目安。

つけておくだけの柚庵《ゆうあん》づけ。魚がもう一度おいしくなる

閉店まぎわのスーパーで半額でゲットした魚。つい買いすぎて食べきれなかった、なんてことありませんか。魚は時間がたつと嫌な生臭みを発します。においの主成分はトリメチルアミンと呼ばれるアルカリ性の化学成分で、濃度が高くなるとアンモニア臭をも発します。これは魚肉の成分が分解されて発生すると考えられ、鮮度の目安にもなります。魚が残ってしまったら、ダメにしてしまう前に柚《ゆう》庵《あん》づけにしてみましょう。柚庵《ゆうあん》づけは江戸時代の茶人で食通でもあった北村柚庵が考案したとされ、柚庵《ゆうあん》地と呼ぶつけだれに食材をつけたもの。柚庵《ゆうあん》地は主に酒、みりん、しょうゆを混ぜて作ります。切り身魚の皮目に塩をふり、30分ほどおいて皮目から臭みやえぐみが出てきたらふき取り、つけだれをしみ込みやすくしてから30分〜1時間つけます。

＼コツをおさらい！／

調理実習 魚の臭いを取るアレコレ

手順1

たれにつける前のひと手間

たれにつける前には、切り身の皮目に塩をまんべんなくふりかけて30分おく。皮目から臭みやえぐみを含んだ水分が外に出てくるので、キッチンペーパーでふき取る。つけだれもしみ込みやすくなる。

手順2

つけ込みすぎは、おいしくない

たれにつけ込む際の注意点は長時間は厳禁。しょうゆで身がかたくなるし、なによりしょっぱくなる。短い時間で効率的に味をしみ込ませて、魚のうま味を引き出すのがコツ。

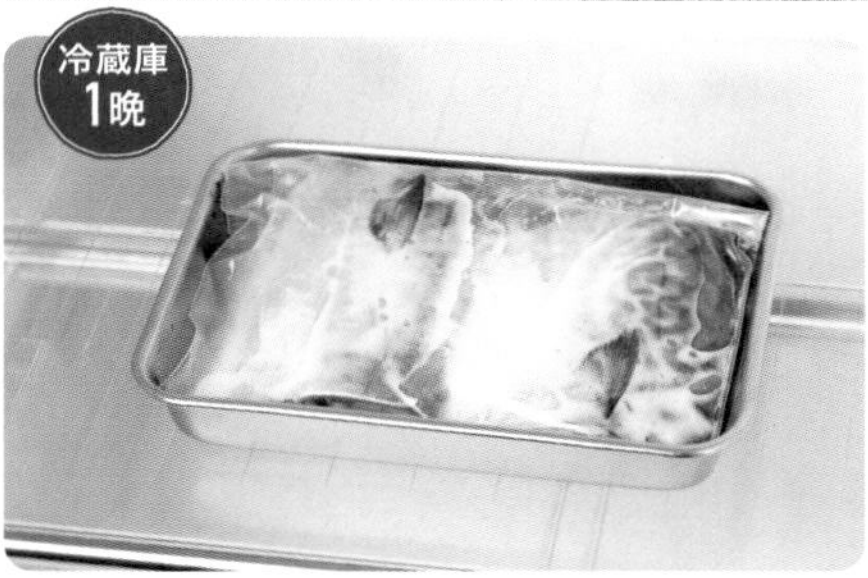

まめ知識

ヨーグルトづけ

トリメチルアミンがアルカリ性のため、酸性のヨーグルトにつけて、においをヨーグルトに吸着させる方法もある。ポリ袋に魚と魚全体にからむ程度の分量のプレーンヨーグルトを入れて1晩、4℃の冷蔵庫内で放置。その後、適度な焦げ目がつくまで焼く。

刺身が残ったら、寿司だねでおなじみ〝づけ〟がおすすめ

残った刺身を二度おいしく食べるときも、つけだれはとても重宝に使えます。

調味料は、酒1：みりん1：しょうゆ2の割合。刺身を一晩つけこむだけで、わさびやのりとともにご飯にのせると、手間いらずのづけ丼ができ上がります。たとえばまぐろをこのたれにつけると、しょうゆの塩分とまぐろのたんぱく質の分子が結びつき、ねっとりとした食感になります。同時に余分な水分が排出されて身が締まるため、魚本来のうま味と風味が出てきます。づけ丼のほか、ちらし寿司やのり巻きの具にもおすすめ。

冷凍まぐろは氷水で解凍を！

＼POINT／

まぐろの解凍は食べる時間を逆算し、あわてずじっくり、氷水解凍で。

冷凍まぐろはドリップを出さない解凍でうまさを保持

通販の取り寄せで買ったさく取りの冷凍まぐろ。解凍して、いざ食べようとしたら黒っぽく変色して赤い液体（ドリップ）まで出て、カタログのおいしそうな写真とはずいぶん違ってがっかり、なんてことありませんか。これはまぐろの肉色素のミオグロビンが空気に触れて酸化することで起こります。冷凍まぐろはマイナス60℃で一瞬にして冷凍され、この状態をキープすれば変色は起こらないのですが、マイナス3℃から10℃になると最も酸化しやすくなり、家庭の冷凍庫がこの温度帯だと変色のスピードは速まります。おいしく食べるにはドリップとともに流出するうま味を止めることが大切。その解決策が氷水解凍法というもの。氷水につけることで解凍時の温度が必要以上に上がらず、まぐろの細胞を傷つけずに解凍でき、ドリップの流出も防げます。

＼コツをおさらい！／

調理実習　氷水解凍＆チルド室で 冷凍まぐろをおいしく

1

海水より少ししょっぱい濃度（4～5%）の塩水を作り、まぐろのさくを洗う。

2

キッチンペーパーで水けをふき、密閉保存袋の中にさくを入れ、空気を押し出す。

3

ボウルにたっぷりの氷水を用意し、**2** の袋を入れ、浮かないように氷を入れたビニール袋をのせて60分置く。

4

解凍されたまぐろを取り出し、キッチンペーパーで水けをふく。新しいキッチンペーパーでまぐろを包み、アルミホイルで包んで、チルド室（0～3℃）に半日～1日置く。

生食用の冷凍品の解凍には、氷水解凍を！

繊細な舌触りが重視され、ドリップの発生を抑えなければならない生食用食品の解凍には、熱伝導に優れた水の力を利用するのが効率的。氷を入れることで0℃前後を保ち、食品の劣化を防ぎます。方法は、大きめの器に氷水を入れて食品を沈め、食品全体がつかるように重石をします。これにより、0℃の空気中と比べて10倍以上の速さで解凍することができます。食品の中心に少し芯が残った程度まで解凍できたら調理可能。解凍時の氷結晶の粗大化を抑えられる、理にかなった解凍法です。

「塩鮭」の塩抜きは濃度1～1.5％の“塩水”で行うべし

\POINT/

この塩抜き方法は、魚だけでなく梅干しや筋子など塩辛い食品全般に対応可。ただし塩分濃度はそれぞれ異なるのでご確認を。

先人の知恵に学ぶ塩抜き法 呼び塩（または迎え塩）の技

塩辛すぎる鮭の塩けを抜くために、真水に浸して焼いたみたら、うま味までも抜けてまずかった、なんてことありませんか。これは塩の浸透作用によるもので、塩分濃度は薄いものから濃いほうに移動する性質があることに関係します。つまり、濃度ゼロ状態の真水と、濃度の濃い塩鮭とでは塩分濃度の差が大きすぎて、塩鮭が真水を吸い込んで水っぽくなり、まずくなるのです。加えて真水で塩抜きすると、塩に含まれる塩化マグネシウムが苦みや渋みとして魚に残ることも。しかし、こうしたリスクを避けて、うま味を逃さない上手な塩抜きの方法があります。それは昔から行われていた呼び塩（迎え塩ともいう）という塩水に浸す方法。塩水なので真水のように塩分濃度に大きな差がなくなり、焼いてもうま味がちゃんと残ります。

＼コツをおさらい!／

調理実習 うま味が抜けない塩鮭の塩抜き

冷蔵庫 4〜5 時間

手順1

塩水に塩鮭を入れる

水500mℓに塩小さじ1〜1½杯の塩を入れて塩水を作る。塩水から塩鮭が出ないように浸し、冷蔵庫で4〜5時間かけてゆっくり塩抜きをする。

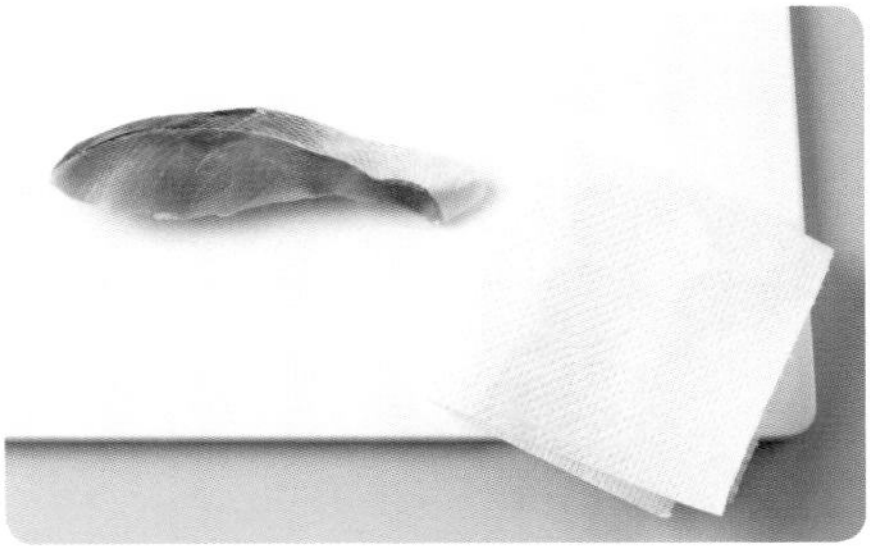

手順2

余分な水けをふく

キッチンペーパーで余分な水けをふく。

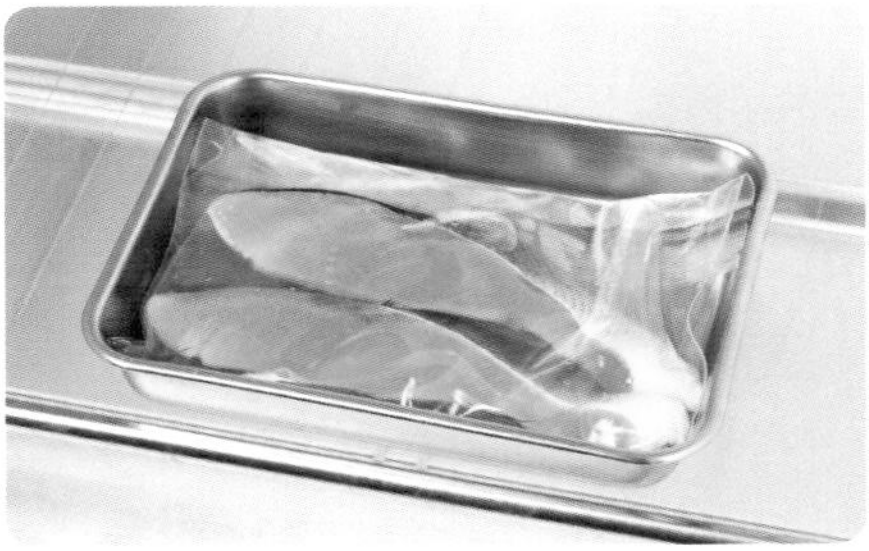

まめ知識

水+酒+みりんで塩抜きもあり

手順1のかわりに保存袋に水(450mℓ)、みりん(大さじ1)、酒(大さじ2)、塩鮭を入れ、冷蔵庫で2〜3時間から1日置く方法もある。

知って得する、うま味を逃さない上手な塩抜きの方法

塩抜きしたい魚の塩加減にもよりますが、濃度1〜1.5%の濃すぎず薄すぎずの塩水(水500mℓに塩小さじ1〜1½の割合)を用意します。

塩鮭なら切り身が塩水から出ないように浸し、冷蔵庫の中で4〜5時間かけてゆっくり塩抜きします。もう一つは、同じ塩水の中に一つまみ程度の茶殻を入れ、4時間ほどおいて塩抜きする方法。これは茶殻に含まれるタンニンの働きで魚のたんぱく質が閉じ込められるため、うま味が流れ出ることなくそのまま残るというもの。

サクプリ！ 揚げずに究極の海老フライ

＼POINT／
海老の塩水での解凍目安は、身の中心がまだ少しかたい程度まで。

サクプリ食感にするために失敗なしの下ごしらえを

みんな大好き海老フライ。自宅で作るときは冷凍海老が手ごろで使いやすいのですが、解凍に失敗すると海老特有のうま味も水分（ドリップ）も抜けてパサパサに。そこでうま味を含んだドリップを出さない塩水につける解凍法をご紹介。殻つき海老なら塩分濃度3〜3.5％の塩水（水1ℓに塩30〜35gの割合）に、むき海老の場合は塩分濃度1％の塩水にそれぞれつけて解凍すると、臭みが抜けてうま味は逃げずに残ります。また解凍した海老をもっとプリップリにしたいときは、重曹水（水500mℓに重曹大さじ2の割合）に20分ほどつける方法でお試しを。これは海老のたんぱく質が重曹のアルカリ成分でかたくなるためで、このひと手間を加えることで加熱しても海老から水分が出にくくなり、弾力があるのに硬すぎない独特の食感が生れます。

＼コツをおさらい！／

調理実習 サクプリ海老フライ

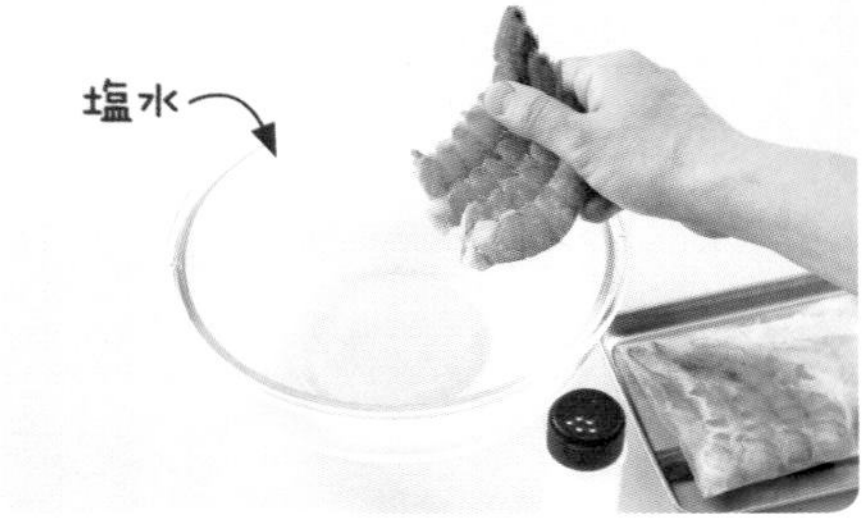

手順1

冷凍海老を塩水で解凍する

塩水につけて解凍する。殻付き海老は、水1ℓに塩30～35gを溶かす（塩分濃度は3～3.5%）。むき海老の場合は塩分濃度1%に。真水につけると水っぽい海老になり、まずい。

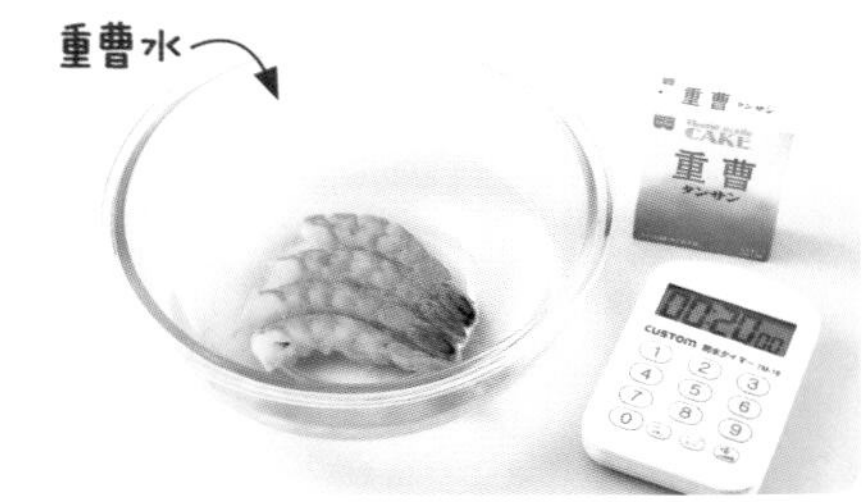

手順2

重曹水でプリプリ食感に

解凍した海老をさらにプリプリにするには、水500mℓに重曹大さじ2の重層水を作り、解凍した海老を20分浸す。

手順3

揚げずにサックサク

余分な水けをキッチンペーパーでふき、小麦粉→マヨネーズ→パン粉の順でつけ、240℃のオーブンで10分焼く。

簡単！ ヘルシー、サクッとプリップリ、揚げない海老フライ

自宅で揚げ物はしたくないが、海老フライは食べたい。そんなときはオーブントースターで、揚げないのに揚げたような海老フライをお試しを。

まず冷凍海老なら塩水解凍して水けをふき、小麦粉を薄くまぶします。普通のフライなら次は溶き卵をつけますが、マヨネーズを塗ってパン粉をつけ、240℃のオーブントースターで10分ほど焼けばでき上がり。オーブントースターの熱で分離したマヨネーズの油が揚げ油代わりになり、サクプリ！海老フライの完成です。

牡蠣《かき》は片栗粉コーティングでふっくらプリプリ

＼POINT／
生牡蠣は身が柔らかいので、力づくで洗うのはNG。指先でやさしく。

加熱しても身が縮まない！二刀流、片栗粉使いがカギ

新鮮な牡蠣《かき》を買ったのに、加熱したら身が縮んでかたくなってしまった、そんな経験ありませんか。原因は牡蠣のうま味を含んだ水分が流出したため。これを防ぐには、一つには海水に近い濃度の塩水（水１ℓに塩3.5ｇの割合）で洗う方法がありますが、おすすめの方法は片栗粉洗い。牡蠣１５０ｇに片栗粉大さじ１、水２００㎖程度を目安に加えて指先でグルグル回します。すると、黒い汚れがたくさん出てくるので、水がきれいになるまで3回ほど水を変えて素早くすすぎ、キッチンペーパーで水けを丁寧にふきます。このあとは揚げ物でも炒め物でも、料理に展開する前に片栗粉を牡蠣にまぶし、沸騰湯で10秒ほどゆでて冷水にとり、水けをふきます。これで牡蠣の表面が片栗粉でコーティングされ、身の縮み防止になってうま味も栄養もキープされます。

＼コツをおさらい！／

調理実習 2度ワザ！ 片栗粉使い

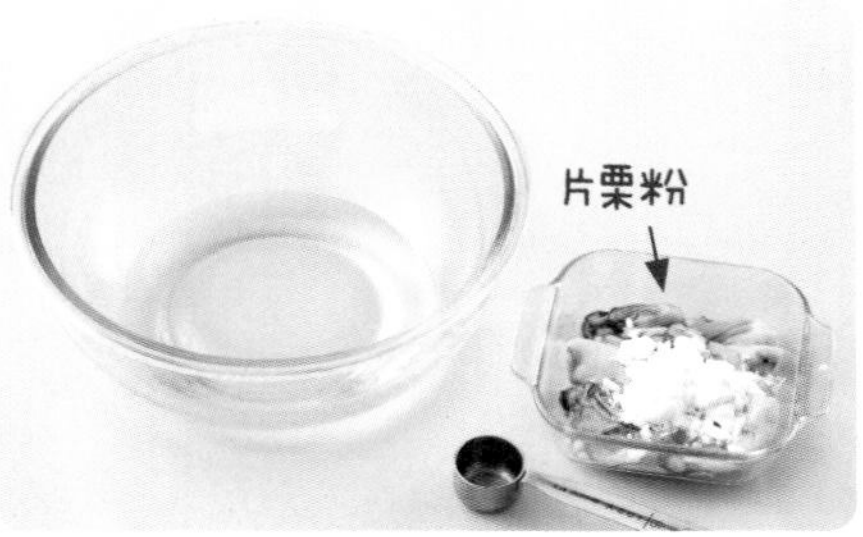

手順1

片栗粉で軽くもみ洗い

牡蠣に片栗粉を大さじ1かけ、水200mℓほどといっしょに力を入れずに素早く牡蠣をもみ洗いし、黒い汚れを取り除く。

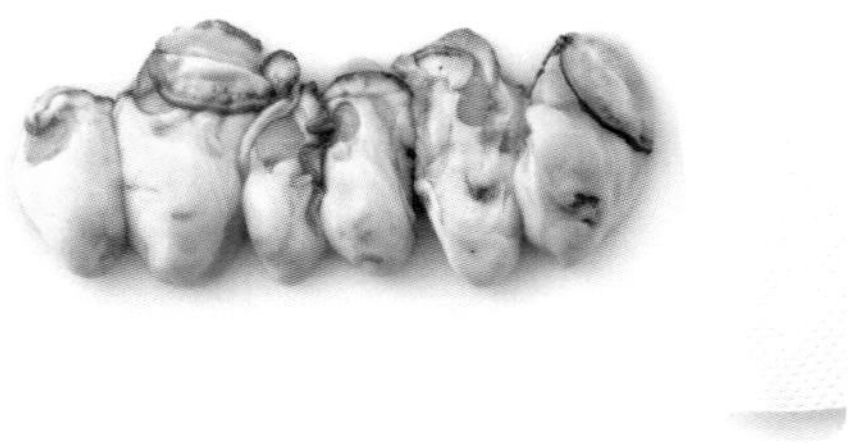

手順2

水けをふく

よく水洗いしたら、キッチンペーパーで丁寧に水けをふく。

手順3

片栗粉コーティング

牡蠣に片栗粉をまぶし、沸騰した湯で10秒ほどゆで、冷水に取り、水けをふく。これで身の縮み防止はバッチリ。この下ごしらえ後、調理に使う。

生食用と加熱用。用途に応じて使い分け

鮮魚売り場では、牡蠣は水を張って密封されたパック詰めが基本的には生食用、むき身のまま売られているのが加熱用ですが、これは鮮度の差ではなく、養殖場の海域の違いによるものです。生食用は保健所が水質検査をしている海で獲れたものに限り、滅菌洗浄処置が施されたもの。つるんとした食感が人気です。一方、加熱用は殻をむいてそのまま市場に出るので味が濃くうま味が十分。ただし、滅菌処置をしていないので、絶対に生で食べてはダメ。フライ、炒め物など必ず加熱調理で使用を。

ハマグリはアルミホイルに包んで直火焼き

\POINT/

生のハマグリの殻が開かないのは、身の中の貝柱が殻の上下をしっかりつないでいるためですが、加熱すると離れます。

おいしさを逃さない焼きハマグリの焼き方

　コンロに網をのせてハマグリを焼いたら、勢いよく殻が開いて汁がこぼれた。せっかくの汁なのに、あー、もったいない、掃除も大変。バーベキューなどでよく見かける光景ですが、実は最初に流れ出したこの汁は、砂抜きの際にハマグリが吸い込んだ余分な水分なので、これはむしろ捨てたほうが正解。

　問題はこの後に貝の中のうま味のもとの汁まで出て、ふっくらどころか身がかたくなってしまうこと。ハマグリのあの濃厚なうま味を構成するコハク酸は、熱くなると身と殻に残っている海水に溶け出す性質があるためで、これを防ぐにはアルミホイルで包んで焼き上がる前に殻が開かないようにすること。こうすると殻がひっくり返って汁が飛び散ることがなくなるので、自宅でも安心して焼くことができます。

＼コツをおさらい！／

調理実習 うま味流出の防ぎ方

手順1

アルミホイルでくるむ

アルミホイルですき間がないようにくるみ、焼き上がる前に口が開くのを防ぐ。熱が上方にも充満するので、上部の貝柱が外れる。

手順2

焼いたら、1分蒸す

口が開かないように6分焼いたら、火を止めて1分蒸らして完成！

まめ知識 蝶番《ちょうつがい》をカット

上記の方法とはまた別で、お尻の黒い小さなでっぱり、蝶番を切り落とす方法がある。このひと手間で、勢いよく口を開けることがなくなり、うま味の流出を防げる。

おいしい貝の汁をそのまま残して焼く方法

自宅で焼きハマグリを作るには、オーブントースターを利用したほうが失敗なく焼けます。アルミホイルで貝をきっちりとすき間がないように包み、200°C前後に熱しておいたオーブントースターに入れ、6～7分焼いて取り出し、1分ほどそのままおいて蒸らすだけ。

オーブントースターは上からも加熱できるので、殻と殻をつなげている貝柱が上のほうから離れるため、アルミホイルを開いたとき、身は下の殻についていて、汁こぼれを防ぐことができます。

うまい煮魚は煮込む必要なし！

POINT
煮汁は少なめのほうが早く煮えます。魚の厚みの1/3くらいが適量。

身崩れを防いでふっくら形よく。目指せ！煮魚上手

家庭の味を代表する定番料理といえば、煮魚もその一つですが、近ごろは家庭から消えつつある絶滅種的な料理なんだとか。理由は、作ってみたら生臭くなったとか、特に多いのは魚が身崩れして見栄えが悪いという、さんざんな失敗例です。

そこで煮魚が再び家庭料理に返り咲くよう、コツをお教えします。魚には水溶性、不溶性の2種類のたんぱく質が含まれ、不溶性は約45℃、水溶性は約65℃で凝固します。煮魚の場合、加熱で不溶性たんぱく質が先に凝固して組織が崩れると、水溶性たんぱく質が溶け出して身崩れにつながります。これを防ぐには、いずれの温度帯も通過しない沸騰した煮汁に入れて魚の表面のたんぱく質を凝固させ、うま味をブロックしてから沸騰しない火加減で煮ます。分厚い切り身でもせいぜい10分以内、煮すぎは禁物です。

＼コツをおさらい！／

調理実習 魚の煮崩れを防ぐコツ

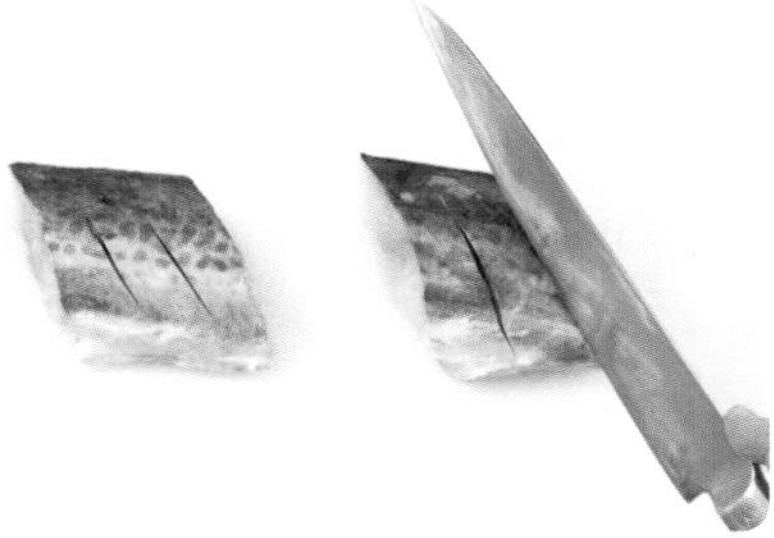

手順1

切れ目を入れる

魚の皮に切れ目を入れることで、熱による著しい収縮を避け、煮崩れを防ぐ。火が通りやすく、味がなじみやすくなる。

手順2

沸騰した煮汁に魚を入れる

魚が1/3つかる程度の煮汁を沸騰させたところに、魚を重ならないように並べ。

手順3

アルミホイルで落としぶたをする

シワをつけたアルミホイルで落としぶたをすると、煮汁の中で魚が動かず煮崩れ防止になる。煮る時間は切り身なら6～7分。大きくて分厚いものでも10分以内で煮上がる。

煮魚のみりんと砂糖の使い分け

煮魚の味つけは主に酒としょうゆですが、ここに甘みをつける調味料として、みりんを使うか、砂糖にするかは意見が分かれるところです。みりんを使う場合は、たとえば白身魚のカレイのように身が柔らかい魚なら、身を引き締めて脂質の酸化を抑える効果があるので、魚の身崩れを防いで風味を引き出してくれます。しかし、鮮度が少し落ちた魚にみりんを使うと、風味ではなく臭みを強調することがあるので、その場合は砂糖のほうが味よく煮上がります。分量は淡泊な白身魚なら控えめに、脂の多い魚なら少し多めに。

米は野菜室で保存するとおいしさが2倍持続

\POINT/

米は生鮮食品！　冷蔵庫の野菜室で冬眠させれば、常温より2倍もおいしさが持続

米も野菜同様、鮮度が大事　こまめに買って冷蔵保存を

　ご飯好きならぜひ覚えておきたいのが、米の保存法。よくあるのが、米は乾物なので常温でOK、とキッチンの片隅などに置きがちですが、暑い季節の常温は気温30度以上にもなるので、こうした環境下では米の劣化に拍車がかります。精米した米は空気に触れると乾燥も酸化も進みます。米は保存温度を10℃下げることで、酸化速度を半分ほども遅らせることができるので、3℃以上、8℃以下に設定されている家庭の冷蔵庫の野菜室は米にとっては理想のポジション。常温保存より2倍も鮮度が持続されます。ただし、米袋のまま入れるのはNG。あの袋には積み上げたときの空気を抜くため、無数の小さな穴が開いているので臭いを吸収します。保存は冷蔵庫に入りやすいサイズの密封できるふたつきの保存容器や、ペットボトルなどに入れかえれば万全です。

＼覚えておきたい！／

まめ知識 長持ちする米の保存方法

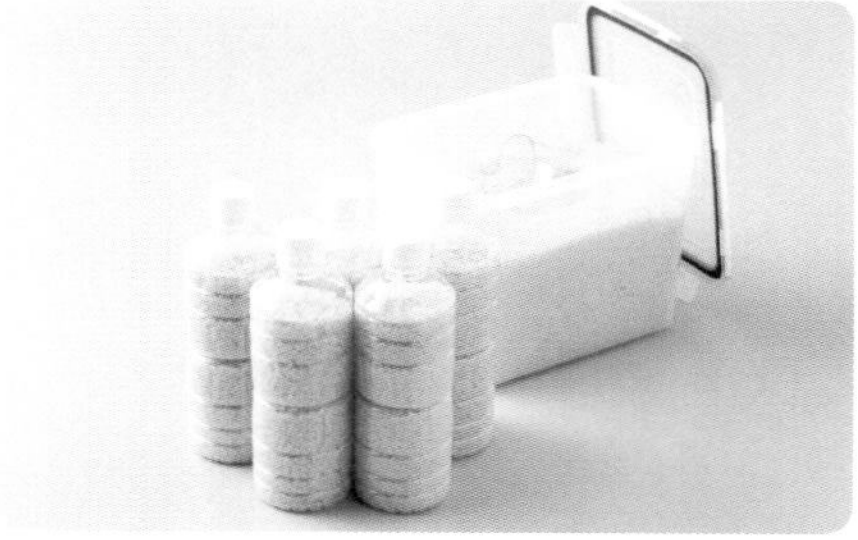

まめ知識1

密封容器に入れかえる

3合がちょうど入る500㎖入りペットボトルなどに移しかえる。

まめ知識2

長期の保存は野菜室へ

長期保存は密閉できるペットボトルや保存容器に入れて、野菜室へ。

まめ知識3

炊いた米は冷凍保存

炊いたご飯は、ご飯に含まれるでんぷんが老化しやすいので、熱いうちにラップでくるみ、粗熱が取れたら冷凍庫で保存。

※ラップだけだとご飯が乾燥する場合もあるので、さらにフリーザーバックに入れると万全。

冷蔵庫に入らない米の保存はどうするの？

米の保存は冷蔵庫が最適。とはいえ、贈答米があったり、一度に大量に購入することも多々あります。

当然、冷蔵庫には入りきらないので、常温保存になりますが、その場合は米袋から米びつにあけるか、もしくは米袋ごとふたつき容器に入れ、直射日光の当たらない湿度の低い場所に置きます。たとえばキッチンの下の湯沸かし器の温水が通る配管近くは避け、鍋などを置く同じ引き出しの中などに置きます。このとき、鷹の爪を2～3本入れておくと虫よけにもなります。

古米ははちみつのちょい足しでつややかに

\POINT/

古米をふっくらつやよく炊くには、はちみつ以外にも米1合につき、酒小さじ1、またはみりん小さじ1程度入れる方法も。

古米なのにおいしい！ぴっかぴかの炊き上がり

新米と古米の境界線はどこ？　通常、新米はその年の秋に収穫した米で年末までの呼称。炊くと甘～い香りを漂わせ、つやつやでぴっかぴか。一方、古米は収穫後1年以上経過した米で、保存状態や炊く前の扱い方によってはご飯が糠《ぬか》臭くなってしまうことも。原因は米に付着した糠が空気に触れて酸化するため。解決策はしっかり洗米することですが、今は精米技術が進化して昔のように力を込めてとぐのではなく、米を傷つけないように、5本の指先でぐるぐる回しながら水を変えて澄むまで洗います。炊くときはここが裏技。はちみつのちょい足しです。はちみつに含まれる消化酵素が米のでんぷんをぶどう糖に分解するので、ご飯に甘みが増し、保水効果もあるのでパサつかず、ふっくら炊き上がります。その比率は米2合に、はちみつ小さじ1の割合。

＼覚えておきたい！／

まめ知識 古米にちょい足し！

まめ知識1

炊飯時にはちみつをプラス

米2合にはちみつ小さじ1を加えて、30分から1時間浸水させ、炊飯。糠の臭みが消えて、ふっくらつややかに炊きあがる。

まめ知識2

炊飯時に日本酒をプラス

米２合に対して小さじ２程度の日本酒を加えると、古米の臭さがなくなり、日本酒に含まれる糖分の作用でご飯の甘みが増しておいしくなる。

まめ知識3

炊いて時間がたったご飯に日本酒をかけてレンジでチン

炊いて時間がたったポソポソのご飯に、日本酒を大さじ1ほどふりかけて電子レンジでチンすると、炊き上がりのようなふっくらご飯になる。

※加熱でアルコールは飛ぶので味に影響はありません。

米と水分量は正しく計量して、おいしいご飯を炊く

　柔らかいのがいい、いや、かたいのがおいしい。ご飯の炊き上がりの好みはさまざまですが、先人は米と水のおいしい比率を経験上割り出し、今でも基本になっています。それは米1に対して水が1.2の割合。不変の黄金比です。実際には米1合（180mℓ）を炊くなら水200mℓとして割り出していけばいいわけです。ただし、かたい、柔らかいの好みは水分量の加減で調整します。また、新米は米自体に水分を多く含むので、通常の水分より1割程度減らすとおいしく炊き上がります。

失敗知らずの炊き込みご飯

\POINT/

米にもち米を１割ほど加えるともっちり、つやよく炊き上がります。

炊き込みご飯がおいしい！成功のカギは水加減にあり

ごちそう感いっぱいの炊き込みご飯。ふたを開けたら、なんだかベチャベチャ、芯もある。かなりへこみます。そこで失敗しない炊き込みご飯の作り方。まずは白飯を炊くとき同様、米を洗って水けをきり、分量の水に30分以上つけて吸水させます。このとき、味つけ用の酒、しょうゆなどの液体調味料の分量は差し引きます。差し引きがないと水分量が多過ぎてベチャつく原因に。炊き込みご飯のちょうどよい水加減は、水と調味料を合わせた分量、つまり通常の炊飯の水分量と覚えましょう。また液体でなくても塩分のある調味料を先に入れると塩の浸透圧作用で米の内部まで吸水できなくなり、炊くと芯が残ったりしてこれもＮＧ。調味料は炊く直前に加え、あとは米の上に具をのせてスイッチオン。炊き上がったら底からふわりと混ぜればでき上がりです。

＼コツをおさらい！／

調理実習　炊き込みご飯の基本

手順1

米を浸水させる

液体調味料の分量を除いた水分量で米を浸水させる。このときはまだ塩分を含む調味料や具は入れない。米の浸水時間は30分くらいが基本。

手順2

塩分を含む調味料を入れる

しょうゆやだしの素など、塩分を含む調味量は米に吸水させてから加える。

手順3

具材は混ぜず、上にのせる

生の具材も、煮込んだ具材も、米の上にのせるのが正解。米と具材を混ぜ合わせてから炊飯するのはNG。炊き上がったら、釜にそってグルッとしゃもじを入れ、全体にさっくりと切るように混ぜる。

炊くときの約束事は具材はかたいものから順に米の上にのせて

　具材は必要な水分量が決まってから、米の上にのせますが、複数の具材を炊き込む場合は、ランダムにのせるのではなく、かたいものから順にのせていくことで均一にムラなく炊き上げることができます。

　たとえばごぼう、にんじん、れんこん、里芋やさつま芋、栗などのかたい食材は先に、その上に油揚げやきのこ類などの火の通りの早い食材をのせます。また具材をのせたらすぐに炊き始めないと、調味料の塩分の脱水作用で具材から水けが出て味がぼやけてしまいます。

究極の卵かけご飯は黄身後混ぜ

\POINT/

ご飯は炊きたてでなくても、レトルトや冷凍ご飯のレンチンでもOK。

卵とご飯としょうゆだけのシンプル食材。食べ方多彩

卵かけご飯といえば用意するものは全国共通、あったかご飯に卵、そしてしょうゆ。ご飯茶碗一つで完結してしまう世界一簡単な料理。ある人は全卵をご飯にパカッと割ってしょうゆをたらり。またある人は黄身だけのっけ。あるいは白身だけダァーッとご飯に混ぜる。などなど、簡単なのに食べ方は多彩、なかなか奥が深い。さる調査機関の味覚センサーでの実験によると、最もおいしい結果が出たのは、黄身後混ぜというもの。温かいご飯に白身だけのせて、泡立つまでとにかく混ぜる、するとご飯の熱で少し固まりかける、そこに黄身を入れてしょうゆをたらり、また混ぜる。メレンゲのようなほわんとした口当たりは新感覚のおいしさ。ご飯のほのかな甘みに生卵のコクとうま味が絡むため、味の相乗効果が生まれます。しょうゆのかけ過ぎはＮＧです。

＼コツをおさらい！／

調理実習 卵の風味を生かす、ふわふわ卵かけご飯

手順1
熱々ご飯に、たれを混ぜる

熱々ご飯に、たれ（昆布つゆ2：白しょうゆ1）を混ぜる。色の淡いたれを使えば、ご飯が茶色くならない。

手順2
白身を入れてふわふわに混ぜる

1に卵の白身だけを入れ、ふわっふわに泡立つまで根気よく混ぜる。

手順3
黄身をのせる

黄身をのせて混ぜながら食べる。卵の風味が生きて、ふわふわ食感の卵かけご飯に。

卵かけご飯通のおすすめ。卵黄のしょうゆづけ

今、じわじわ人気です。卵かけご飯の変形バージョン、卵黄のしょうゆづけをご紹介。保存容器にしょうゆとみりんを入れてつけ汁を用意し、生卵の卵黄だけつけて半日から2日、冷蔵庫に入れておくだけ。卵黄のたんぱく質がしょうゆの塩分による凝固作用で、箸で持ち上げられる程度に固まります。これをご飯にのせればとろ～り、ねっとり、その味はかなり濃厚。

つけ汁はめんつゆ、オイスターソース、ウスターソース、みそとみりんを混ぜてとろりとさせたものなどに変えてもおいしい。

冷めてもふっくらおいしい卵焼き

\POINT/

卵液に保水効果のあるはちみつを少々入れて焼いても、ふっくらに。

卵白と卵黄で固まる温度に差。均一に混ぜて同時焼き

毎日のお惣菜に、お弁当にと大活躍の卵焼き。味の好みは砂糖入りの甘め、甘くない塩味派などさまざまですが、共通しているのは冷めるとかたくなるという声。そこで改善法。卵の凝固温度は卵白と卵黄で差があります。卵白は58℃で固まり始めて80℃で完全に固まり、卵黄は65℃から70℃の温度を保つとほぼ完全に固まります。凝固温度の違いは焼きムラやかたくなる原因になるので均一に混ぜること。ただし、混ぜすぎると卵のコシが失われて固まりにくいので、ふっくら焼き上がりにはなりません。卵白の固まりがほぐれる程度にとどめます。さらに水を加えると凝固が遅れてゆっくり火が通り、ふっくらに。甘くないのが好みでも砂糖を隠し味程度に加えると、砂糖の保水効果で焼き上がりがしっとり。分量は卵1個に水大さじ1、砂糖少々の割合。

＼覚えておきたい！／

まめ知識 いつもの卵液にプラスα

まめ知識 1

卵液に牛乳をプラス

卵3個に牛乳を小さじ3程度加えると、水分が増えることで凝固をゆるやかにできる。牛乳のカルシウムがたんぱく質の凝固を促すため、水よりは固まりやすくはなるが、風味がまろやかになる。

まめ知識 2

卵液にだしの代わりに水をプラス

卵3個に水50mℓ、砂糖少々を加えて焼くと、卵の風味が生きたふんわり食感の卵焼きができる。卵焼き器に卵を流す量は1/3量ずつ入れると厚みがある卵焼きができる。

まめ知識 3

卵液に酢をプラス

卵3個に酢を小さじ1/2程度加えると、卵の凝固温度を下げるほか、酢の働きにより、空気を取り込んでふわふわな食感で彩りもきれいな卵焼きにすることができる。

冷めてもふわふわの卵焼き。もう一つのカギはマヨネーズ

卵焼きが冷めるとかたくなるのは、卵のたんぱく質が加熱でしっかり結合してしまうから。これはマヨネーズでストップできます。マヨネーズは基本的に植物油の乳化によって作られ、乳化した植物油は冷めても固まらないため、これを卵液に混ぜて加熱すると、たんぱく質の結合がおだやかになり、焼き上がりはふわふわ、冷めても柔らかい状態を保ちます。

分量の目安は卵1個にマヨネーズ小さじ1の割合。マヨネーズは多少ダマになっても加熱で溶けます。

家庭のカレーが本格的になる隠し味

\POINT/

でき上がったカレーは雑菌防止のため、室温ではなく冷蔵庫で保存を。

一晩ねかせたような深い味 実は早業の隠し味が決め手

今や国民食となったカレー。スパイスの調合からすべて手作り派は別として、多くは市販のルウに何かの隠し味をちょい足ししているようです。この隠し味、足しすぎると味のリミットを超えてしまい、くどくなったり、甘すぎたりと味のバランスを崩してしまいます。隠し味とは本来ストレートにわかるものではなく、複雑な作用を引き起こし、食べ進めていくうちに心地よい余韻を感じさせるもの。とはいえ、やっぱり何か隠し味を入れたいと思うのも理解の範疇。その場合はルウを少なめにして元の味をじゃましない程度にちょい足しをするのがコツ。たとえば牛肉や豚肉カレーにはココアやコーヒー、ワインかブランデーなど好みのものを小さじ2~3杯程度、ルウが溶けた後に加えます。この程度なら手軽に一晩ねかせたような味に近づきます。

＼覚えておきたい！／

まめ知識 カレーが格別においしくなるコツ

まめ知識 1

肉の種類別おすすめ隠し味

鶏肉ならしいたけや昆布、かつお出汁が好相性。牛肉や豚肉にはココア、ワイン、ブランデーなどが合います。チョコレートだと甘みが出てしまうが、ココアは苦みがたつのでおすすめ。

まめ知識 2

ルウは火を止めてから入れる

ルウを入れるときは火をいったん止める。沸騰した状態でルウを割り入れると含まれたでんぷんがダマになるため。煮込んで水分が蒸発しないととろみがつかない場合は水の入れ過ぎ。

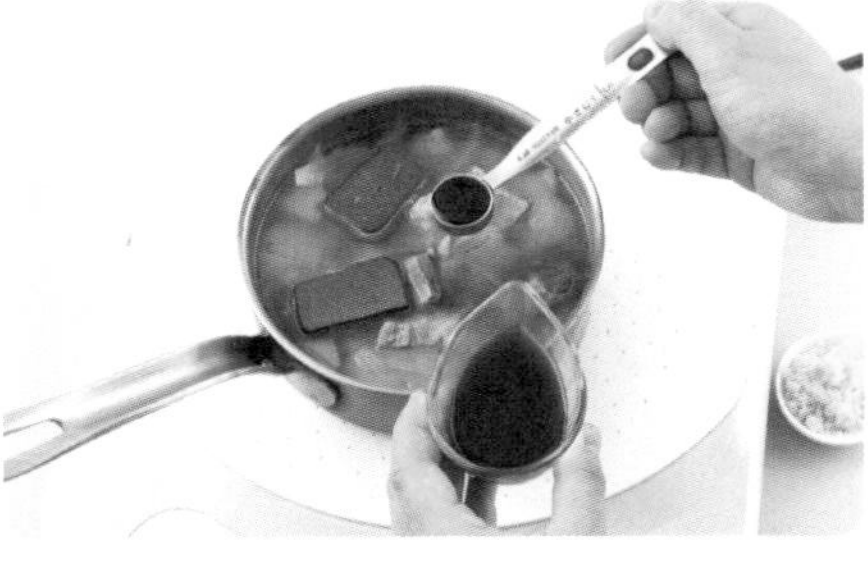

まめ知識 3

ルウを入れるタイミングでちょい足し

カレールウといっしょのタイミングで砂糖大さじ３～4加えると、味がまろやかになって一晩ねかせたような味になる。同様にウスターソース小さじ1～2を入れても良い。

まだまだある。一晩ねかせたような、プラスアルファ食材

まろやかな味にして一晩ねかせたようなカレーにするにはこんな方法も。

まずは市販のルウ1箱につき砂糖大さじ3～4杯をルウを入れる同じタイミングで加えたり、またはルウが溶けきった後で中濃ソース小さじ1～２杯加えても一晩ねかせたような味になります。

このほか酸味が欲しいなら梅干し１～２個かヨーグルト大さじ２～３を、酸味と甘みのダブル効果でコクを出したいときは、りんごのすりおろしを1/2個分ほど加えても。味に複雑なうま味が出てきます。

昆布だしで生パスタをゆでて簡単アルデンテ

\POINT/

だし汁用の昆布が厚みのあるものならパスタといっしょにゆでてもOK。薄い昆布なら沸騰直前に取り出せばすっきりした味に。

塩＋熱湯ではゆでない 味の決め手は昆布だし

生パスタは通常、塩を入れた熱湯でゆでますが、本書のおすすめは昆布だしでゆでる方法。理由は、生パスタはうま味を吸う特徴があるものの、乳化したソースにゆでた生パスタを入れても、パスタの中心部までうま味を吸収させることができないため、ゆでる段階で昆布のうま味を吸い込ませてしまうというもの。昆布のうま味成分であるグルタミン酸をたっぷり吸い込んだパスタは、ソースの味がパスタの中心部までしみ込んでグレードアップした味に。昆布のうま味はオリーブ油ともすんなりなじみ、塩味でもトマト味でも相性抜群。ゆでた後のだし汁は、スープや煮物に塩分控えめなだし汁として有効活用できます。ゆでるときの分量の目安は生パスタ200gにつき水1200㎖、塩小さじ1強、昆布8～10㎝角（約8g）1枚の割合です。

＼コツをおさらい！／

調理実習 ゆで生パスタの冷凍保存

手順1

昆布は30分水につけておく

水1200㎖に昆布8～10㎝角（約8g）1枚を30分つけておく。塩小さじ1強を加えて火にかけ、沸騰直前に昆布を取り出し、生パスタ200gを入れる。

手順2

通常よりかためにゆでる

生パスタは、表示時間より2～3分短くゆで（アルデンテよりかたい状態）、オリーブ油をたっぷりからめる。

手順3

平らに並べて冷凍

1食ずつ平らに並べてラップで包む。金属トレーにのせ、急速冷凍する。冷凍保存目安は1ヵ月。解凍は電子レンジで。

※フリーザーバックに入れても良い。

ゆでたパスタを冷凍。上手に冷凍すると時短調理にお役立ち

　昆布だしでおいしくゆでたいが、昆布を浸しておくのを忘れた！　そんな場合は冷凍ゆでパスタがあるとすぐに使えて便利です。ちょっとした冷凍のコツをおさえると、解凍後のおいしさに差が出ます。

　まず、ゆで時間は表示より2～3分短めに、アルデンテよりも少しかたい状態でザルに上げて湯をきり、ボウルに移してオリーブ油をたっぷりからめます。

　これをフリーザーバックに平らに入れて空気を抜き、冷凍室へ。解凍は電子レンジで。1ヵ月以内に食べきること。

ベチャッと知らずの「サンドイッチ」テク

POINT
パンを軽く焼いても水分がしみ込みにくく、香ばしさも加わります。

具材から出る水分が大敵、その水分をパン粉が止める

通勤、通学、行楽弁当にと大活躍のサンドイッチ。作りたてはふわふわのパンだったのに、さあ、食べようとしたときにはベチャベチャになっていてがっかり。こんな経験ありませんか？　原因は水分。具材から出た水けがパンにしみ込んだためです。水分シャットアウトの方法は二通り。一つはサンドイッチ作りの定番、パンに油分のあるバターやマーガリン、マヨネーズなどを塗って油膜を作り、具材の水分の浸透を防ぐこと。これは同時にパンと具材をくっつけるのりの役目も果たします。あと一つが技ありのパン粉活用法。ツナマヨサンドや卵サンドなら具にパン粉を混ぜるだけでもOK。水けの出やすいキュウリ、レタスなどはパンにパン粉を敷いてサンドするとパン粉が水分を吸収してくれます。分量は食パン2枚1組につきパン粉大さじ1〜2が目安。

＼覚えておきたい！／

まめ知識 べちゃっとならないサンドイッチ

まめ知識1

レタスは大きめにちぎる

洗ったレタスはキッチンペーパーで水けを取る。断面から水分が出やすいので、なるべく大きめにちぎる。

まめ知識2

キュウリは脱水のための塩をふる

キュウリはごく少量の塩をふって5分置いたあとキッチンペーパーで水けをふき取る。味つけではなく、脱水のための塩なのでごく少量でよい。

まめ知識3

具にパン粉を混ぜる

汁けをきったツナ缶（小1缶）にマヨネーズ、パン粉を各大さじ3混ぜる。

サンドイッチの最後の仕上げはきれいに切ること

サンドイッチがパンも具材もスパッときれいな断面になっていると気分が上がります。逆パターンになってへこまないための切り方講座。

切る前の大事な準備として乾いたまな板と、刃に野菜の切りくずなどがついていないきれいな包丁を待機させておきます。そしてでき上がったサンドイッチをラップで包んでまな板にのせ、ラップの上から切りたい形に包丁を入れると、具材がこぼれたり、パンが離れてしまったりの失敗がなく、きれいな断面が現れます。

どれもテッパン！「ポテサラ」ルール

\POINT/

じゃが芋が熱いうちに酢、塩、こしょうで下味をつけると、味がしみておいしい。

芋の種類、味つけの温度、あえるタイミングが大事

ポテトサラダ、というより今やこの呼び名のほうが通りやすいポテサラ。作り方はとてもシンプル。料理初心者でもそこそこ、それらしき味になるのに、本当においしく作れたことはないという声、よく聞きます。実はポテサラ作り、簡単なだけに味の要になる部分を外したまま仕上げてしまうことが多いのです。その要は三つあり、まず一つは芋選び。水分の多い新じゃがではなく、でんぷん質の多いひねじゃが芋の、品種で言えば男爵、きたあかりなどが最適。これを水から皮ごとゆでれば、でんぷんの流出を防ぎ、ホクホク状態が保たれます。二つ目は皮ごとつぶすことで、じゃが芋で一番おいしい皮と身の間を逃さず味わえます。三つ目はマヨネーズであえるのは芋が冷めてから。熱いうちにあえるとマヨネーズの油が分離して水っぽくなるためです。

＼コツをおさらい！／

調理実習　覚えておきたいポテサラの基本

手順1

熱いうちに皮ごとつぶす

皮つきで水からゆでたじゃがいもは、熱いうちに皮ごとつぶす。冷めると細胞膜が壊れて粘り出すため。

※皮ごと食べた方がおいしいのでお試しを。意外にも皮の食感は気になりません。

手順2

少し冷めてからマヨネーズとあえる

ほんのり温かさを感じる50～60℃まで冷ましてからマヨネーズとあえると、よくなじむ。熱いうちにマヨネーズを入れると卵黄は熱で固まり、酢と油はじゃが芋が吸収し、ねちょっとした、マズイものができる。

手順3

ラップを密着させて冷蔵庫へ

具材とあえ、冷めてきたらラップをポテサラに密着させるようにかけ、冷蔵庫へ。ポテサラが空気にふれないことで、じゃが芋の表面の酸化や水分の蒸発を防ぐことができて、しっとりとおいしい仕上がりになる。

身近な食材と工夫で多彩な味が楽しめる、ポテサラに合う具材

ポテサラには相性のよい具材がいろいろ。覚えておくと味のバリエーションが広がります。まずは定番の玉ねぎ。適宜に切って酢水にさらすと、目にしみる原因成分の硫化アリルが抑えられ、酢の酸味で味にメリハリがつきます。好みですが、玉ねぎは辛いまま使う場合も。

ほかに塩もみしたキュウリ、コーン、アンチョビ、カリカリに炒めたベーコンや、セットで使うとおいしいゆで卵とピクルス、塩もみキャベツとツナ、明太子と青じそ、蒸し鶏とレタスなども。

冷凍大根で「短時間」味しみ込み

POINT
同じ時間煮たもの。左が生の大根で、右が冷凍の大根。味のしみ込み加減が全然違う！
生大根
冷凍大根

ぶ厚く切っても冷凍大根は中までよ〜く味がしみ込む

箸が抵抗なくスーッと入って表面も中心部も味がしみ込んだ大根を期待して作ったのに、箸が中まで通らない！ 味もしみていない！ おでんに煮物に出番の多い厚切り大根の一大事です。大根は加熱によって細胞膜が壊れ、そこから煮汁が入って味がしみ込む仕組みですが、厚切りの場合は中まで細胞膜を壊すまで長時間加熱が必要です。そこで細胞膜は凍らせると壊れることに着目。つまり細胞膜破壊役を冷凍におまかせすることで、煮汁が均一にしみ込むようになります。また冷凍大根は下ゆで不要なので、すぐに調味料の入った煮汁に凍ったまま入れて煮ることができます。厚切りだけでなく、薄切りや細切りにして冷凍しておくと、みそ汁なら煮立っただし汁に凍ったまま入れるとすぐに火が通り、時短調理に役立ちます。

＼コツをおさらい！／

調理実習 長時間煮込んだような味しみ大根

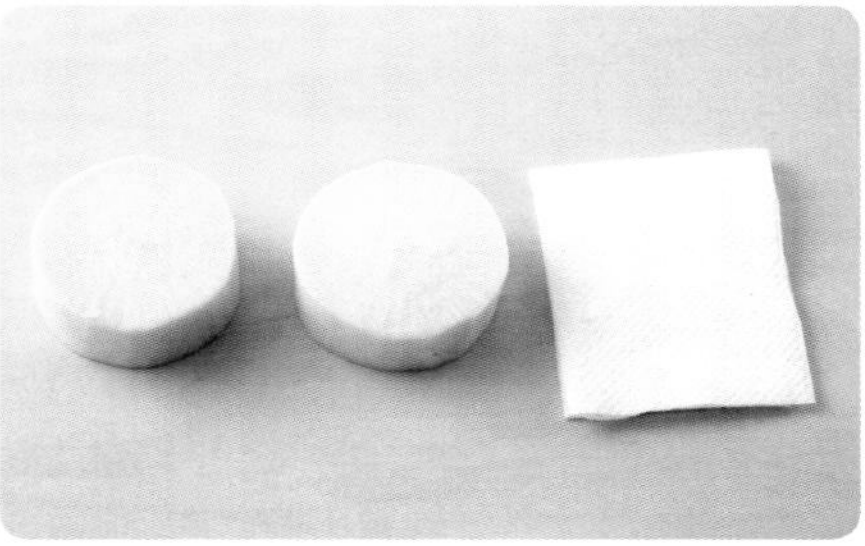

手順1

大根を厚切りにする

大根の皮をむき、3cm厚さに切る。キッチンペーパーで余分な水けをふく。

手順2

保存袋に入れ、冷凍庫へ

ジッパー付きの保存袋に入れて冷凍庫へ。24時間経ったら煮る準備のスタンバイOK。

手順3

凍ったまま調理する

だし汁に凍ったままの冷凍大根を入れて、煮る。生の大根で作ったときよりも、味が芯までしみてやわらかな食感になる。

味が早くしみ込む、調理時間も早い！ 冷凍大根の作り方

大根を使いたい大きさにカットし、冷凍用密閉袋に平らに入れ、空気を抜いて冷凍庫に入れておくだけ。ただし長時間の冷凍は、大根の細胞組織の破壊が進みすぎてスカスカになってしまいます。切った大根の大きさにもよりますが、3～4cm厚さの輪切りなら24時間程度の冷凍が最適。

薄切りや細切りなら、前日の夕食の支度のついでに冷凍庫に入れておけば、ちょうどいい加減の冷凍大根ができます。使うときはいずれも凍ったまま、煮汁やだし汁に入れて煮ます。

冷凍でかんたん！アメ色玉ねぎ

POINT
同じ時間炒めたもの。
左が生の玉ねぎで、
右が冷凍の玉ねぎ。
凍らせると¼の時間で
アメ色玉ねぎが完成！
生玉ねぎ
冷凍玉ねぎ

生玉ねぎなら長時間、冷凍玉ねぎなら超時短であめ色

生を切れば涙、食べると辛くてのどの奥までヒリヒリ。なのに加熱すると刺激が強かった分、甘くなる玉ねぎ。もともと玉ねぎは生でも甘みの強い野菜ですが、生は辛み成分の硫化アリルが強く出て甘さが引っ込みます。これが加熱で逆転、硫化アリルは熱に弱いため蒸発し、今度は甘み成分が出てきます。じっくりアメ色になるまで炒めると硫化アリルはさらに蒸発し、凝縮された糖分が残ります。甘みに深いコクも加わったアメ色玉ねぎはカレーやシチュー、スープにと用途が広いのですが、アメ色になるまで炒めるには1時間ほどかかります。そこでひと工夫。生玉ねぎの繊維を断ち切るように切って冷凍してから炒めると、すでに繊維が壊れているため早く火が通り、水分の蒸発も早いので超時短、15分ほどでアメ色玉ねぎになります。

＼コツをおさらい！／

調理実習 短時間でアメ色玉ねぎ

手順1

みじん切り玉ねぎを冷凍

玉ねぎ1個を、5㎜角程度のみじん切りにし、余分な水けをキッチンペーパーで取り、フリーザーバックに均等に凍るよう、薄く広げて冷凍する。3時間ほどすれば凍る。

手順2

凍ったままフライパンへ

フライパンに大さじ1の油を入れて、凍ったままの玉ねぎを入れる。最初は強火でOK。

手順3

15分ほどでアメ色に完成

すぐに水分が出始め、1分たつと玉ねぎが白く透明になってくる。水分が減ってきたら中火にして、7～8分ほど色づくまで炒める。オニオングラタンスープやカレーに入れても絶品。

冷凍玉ねぎのススメ。あとの手間が省けるみじん切りが便利

玉ねぎのみじん切りは時間がかかるし、涙は出るしで実は避けて通りたい。でも、どうせならまとめてたくさん切って涙の作業は一度、小分けにして冷凍用保存袋に入れて冷凍にしておくと、後で凍ったまますぐ使えてとても重宝。

冷凍により玉ねぎの繊維が壊れて刺激成分も少なくなっているので、目が痛くなることもありません。ハンバーグや肉だんごなどには冷凍のまま電子レンジで加熱解凍して使えば、甘みとコクが加わり、味にぐんと深みが増します。

失敗知らずの野菜炒めテク

\POINT/

べちゃっと野菜炒めの原因は、塩分投入のタイミングが間違っているから。

火力ではなく塩の入れどき、シャキっと炒め上げるコツ

冷蔵庫にちょっとずつ残った野菜の有効活用といえば、まずはチャチャッと野菜炒め。野菜をいっぱい食べたいときにもお手軽。なのにべちゃっついて水っぽい、野菜がくたっとして歯ごたえゼロ、などなど失敗例の多い料理でもあるようです。家庭で作る野菜炒めは火力が弱いせいだと思われがちですが、実は失敗の原因は塩にあります。たとえばフライパンに油を入れて火にかけ、野菜を入れたらほとんど同時に塩、こしょうをふって炒め始める、これはNG。塩の浸透圧作用が働いて野菜に含まれる水分が出てしまいます。シャキッと歯ごたえよく仕上げるには、先に油で8割程度まで炒めて火を通し、油で野菜の細胞をコーティングしてから塩、こしょう、または塩分を含むしょうゆなどの調味料で味つけします。野菜炒めの塩味は最後、と覚えましょう。

＼コツをおさらい!／

調理実習

野菜炒めの味つけは、肉だけにがコツ

手順1

野菜は種類ごとに炒めてザルへ

フライパンに多めの油を入れ、野菜は種類ごとに適度に炒めてザルに上げる。ここで塩をふらないことが、脱水を防いでシャキっと野菜になるコツ。

手順2

ザルは1個で十分

炒めた野菜は、炒めた順にどんどん同じザルに入れてOK。ザルに上げることで、余分な水けと油分がきれる。

手順3

味つけは肉にしっかり

野菜に味つけしていない分、肉の味つけはしっかりと。肉に火が通ったら、ザルに上げておいた野菜を加えてさっと混ぜるだけ。野菜のシャキッとした食感と甘みが最高。

触りすぎず油使いにひと工夫で、家庭でもプロ級の野菜炒めに

家庭で作る野菜炒めは油を効果的に使えばシャキシャキもふっくら仕上げもお手のもの。その一つは、いつもより多めの油で炒めて野菜の細胞を油コーティングし、脱水を防ぐこと。余分な水けが出なくなり、短時間で歯応えよく仕上がります。

もう一つは野菜の切り口に手で油をさっと塗ってフライパンで焼く方法。触ると食材から水けが出るので弱火でじっくり触らずに焼くのがポイント。焼き色がついたら上下に返し、火が通れば焼き上がり。厚めに切った大根やなすでお試しを。

“熱湯＋油”でお手軽「油通し」

素材のおいしさ引き出す 油で揚げなくても油通し

油通しは野菜や肉などを炒める前に油にくぐらせ、本来の味を引き出す手法。から揚げなどの揚げ物の場合は、下味や衣をつけて油で揚げてでき上がりですが、油通しは調理途中の下ごしらえで用います。多めの油で野菜なら衣はつけずに180〜200℃の高温で、水分が出ないうちにさっとくぐらせる程度。肉類は肉汁が出ないよう衣をつけて120〜140℃の低温の油にくぐらせます。この下ごしらえで食材に軽く火が通り、野菜と肉がいっしょでもうま味や水分を逃がさずに短時間で炒めることができます。ただ、家庭では油がはねたり、後始末が大変ということで本格的なこの油通しは歓迎されません。そこでおすすめは熱湯に油を加えてゆでる方法。切った野菜をかたいものから順に入れ、30秒ほどゆでると、油通しとほぼ同じ効果が得られます。

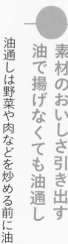

＼覚えておきたい！／

まめ知識 「油通し」の基本テクニック

まめ知識1

"湯＋油"でお手軽「油通し」

鍋半分くらいに湯を沸騰させ、油を大さじ2加える。切った野菜を入れ、半生状態で湯から引き上げ、余熱で火を通す。ゆですぎると野菜がへたるので注意。

まめ知識2

野菜の油通しは高温で

れんこんやにんじんのようなかための野菜は180〜200℃の高温で衣なしが基本。30秒ほど油の中で泳がせるとよい。

まめ知識3

肉、魚は衣でコーティング

肉や魚は身が熱で収縮してかたくなりやすいので、小麦粉や片栗粉などの衣をつけて、120〜140℃の低温で8割方火を通す。

逃がしたくない水分、栄養、うま味をキープする油ゆで

油通しと同じ効果が得られる油ゆで。野菜は火の通りが同じになるように大きさを揃えて切ります。野菜の量にもよりますが、中くらいの鍋（直径20㎝前後）に半分くらいの高さまで湯を沸かし、手持ちの油を大さじ2程度加えます。そこに火の通りにくい野菜から、たとえばれんこん、にんじん、たけのこ、ピーマンの順に1種類ずつ時間差で入れ、最初の野菜を入れてから30秒ほどたったら、全部一度にザルに上げます。後は普通に炒めるだけで味がよくなじみ、食感もシャキシャキに。

根菜・実野菜は5～10℃の野菜室で保存

\POINT/

大根やかぶは葉があると長持ちするというのは間違い。そのままにすると葉が伸びて栄養を消費するので切り離して保存。

実野菜も根菜も新聞紙やラップなどで包み野菜室へ

野菜は全て冷蔵庫の野菜室で保存ではなく、葉物の野菜は冷蔵室へというのは16ページで説明しました。

では葉物以外の野菜は？　ここで温度設定5～10℃の野菜室の出番です。

この温度帯で居心地がいいのは、なす、ピーマンなどの実野菜や、にんじん、ごぼうなどの根野菜など。これらも葉物野菜と同様に収穫後も呼吸を続けて成長しようとしますが、その呼吸は穏やかなので、低温で成長抑制させる必要はなく、野菜室が保存にはちょうどよい温度です。

実野菜が専用袋に入っていない場合や、すぐに食べない場合は、1個ずつ新聞紙やラップなどで包んで保存袋へ。根菜は葉つきのままだと葉が養分を吸い取ってスカスカになるので切り離し、根はラップで包んで水分の蒸発を防ぎ、野菜室に。葉はビニール袋に入れて冷蔵室へ。

＼覚えておきたい！／

まめ知識 根菜、実野菜の保存テク

まめ知識 1

ワタと種は取り除く

カットされたかぼちゃやゴーヤは、種とワタの部分からカビやすい。すぐに食べない場合は、種とワタを取り除き、ラップで密閉してから保存袋に入れ、冷蔵保存する。

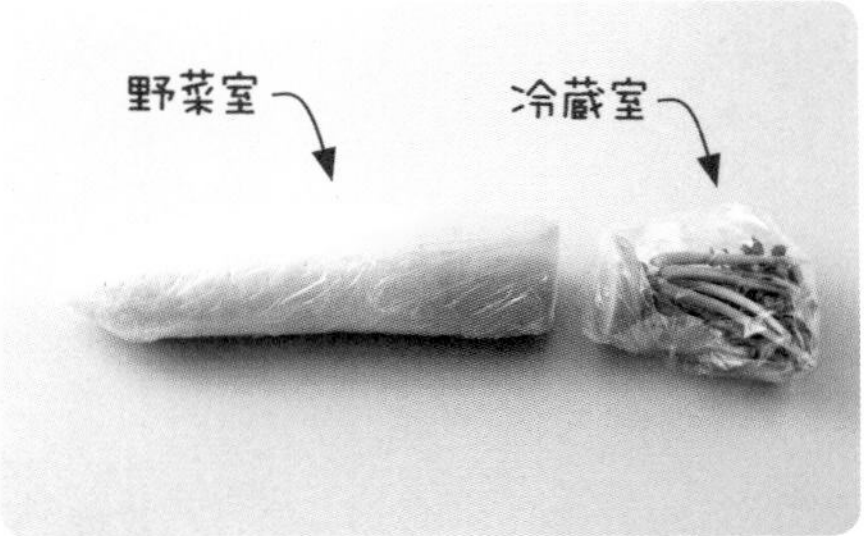

まめ知識 2

大根は根と葉を分ける

大根がしなびやすいのは、葉の部分から水分が蒸発するため。根と葉を切り離し、大根部分をラップで巻き、野菜室で保存すると水分が抜けにくくなる。葉はビニール袋に入れ、冷蔵室へ。

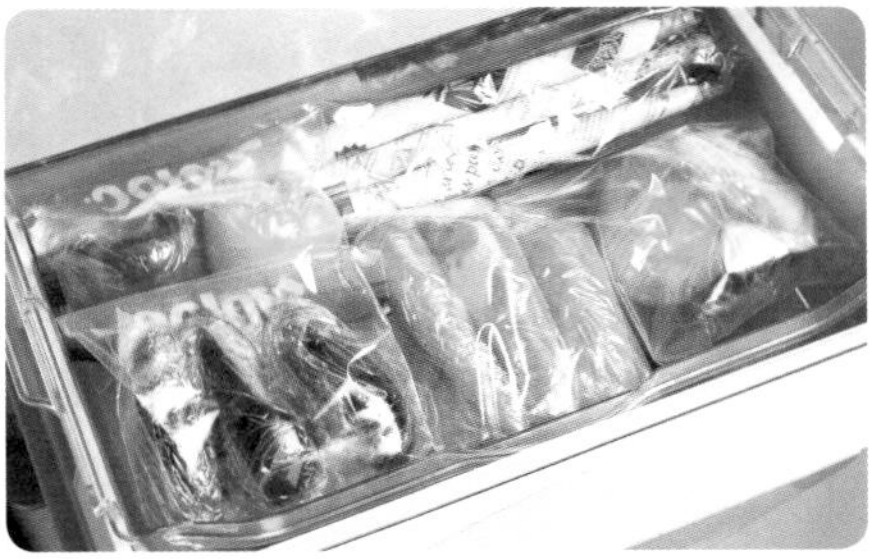

まめ知識 3

夏野菜の保存は野菜室

低温障害が起きやすく、常温保存が向いているといわれる夏野菜（ナス、トマト、オクラ、ピーマン）は、専用ビニール袋のままか、ラップや新聞紙に包み、保存袋に入れ、5～10℃に設定された野菜室へ。

使い残しの野菜は、切断面からの水分蒸発を防いで保存

野菜は切り口から老化植物ホルモンのエチレンが発生しやすくなり、傷む原因にもなります。

使う分だけカットしたらそのままにせず、たとえば根菜の大根やにんじんの場合は、切り口にラップをピタッと貼りつけ、さらにビニール袋に入れて水分の蒸発を防ぎ、育った状態の立てたままで野菜室に保存します。この方法は根菜に限らず、実野菜でも同じですが、時間がたつほどビタミン、ミネラルなどの栄養分は失われていくので、早めに使いきりましょう。

野菜・果物の色止めを科学する

＼POINT／

りんごは芯や種の周辺、皮に栄養が詰まっています。皮をむかず、薄い輪切りがオススメ。

野菜が持つ本来の色を保つ効果的な色止めの方法

変色しやすい野菜や果物は、いずれも今注目の抗酸化物質のポリフェノールを含む食品。切るとその切り口が空気にふれて変色（褐変）する共通点があります。これは野菜や果物の細胞内に存在するポリフェノールオキシターゼという酵素が、空気にふれると色素成分のポリフェノールと反応するため。

酸化を防ぐ方法は三つあり、一つ目はポリフェノールを水で洗う方法。これは水にさらしても組織が壊れにくいじゃが芋、さつま芋などに有効。

二つ目は食材を薄い酢水につけて酸性にし、酵素の働きを低下させる方法でれんこん、ごぼう、長芋などに効果的。

三つ目は砂糖水や塩水につけたり、レモン汁をかけたりして酵素の反応を避ける方法。りんごや桃、アボカド、バナナなどの果物に有効です。

＼覚えておきたい！／

まめ知識 変色防止テクニック

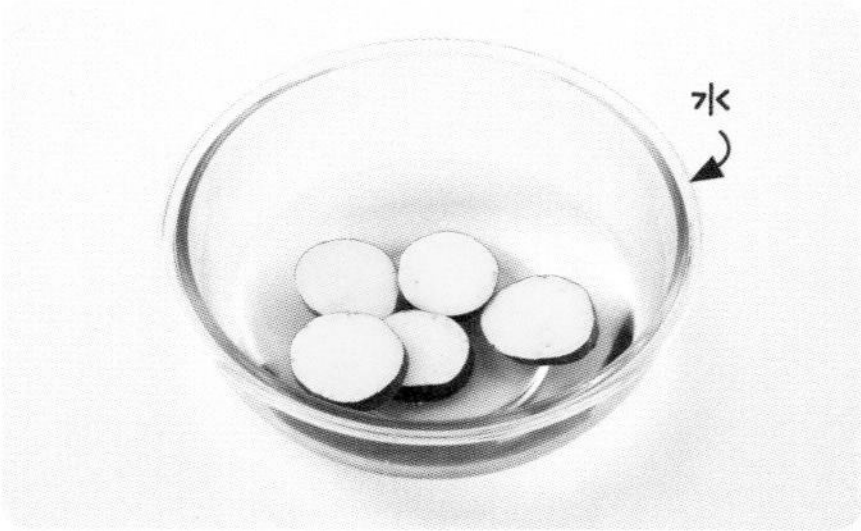

まめ知識1

水にさらす

水にさらしても組織が壊れにくいじゃが芋、さつま芋は水に10分ほどさらせば、変色の原因であるポリフェノールが洗い流せる。

まめ知識2

酸性にする

水500mℓに小さじ1程度の酢を入れ、ごぼうやれんこんを酢水に5分ほどさらす。食材を酸性にすることで酵素の働きを低下させている。

まめ知識3

砂糖水にりんごをつける

塩水にさらしたりんごはおいしくない。そこで砂糖水にさらす方法をご紹介。水400mℓに大さじ2の砂糖を溶かし、5～10分りんごをさらす。

※水200mℓに大さじ2のはちみつを混ぜてもよい。

野菜が変色するもう一つの原因はクロロフィル色素

野菜の変色は酵素とは無関係に褐変するものがあり、それがクロロフィルという緑色の色素成分によるもの。

この成分はほうれんそうやブロッコリーなど緑色の野菜に含まれ、長時間の加熱でクロロフィル分子内のマグネシウムがはがれて褐変します。

これは塩を少し加えた熱湯でさっと短時間ゆでにし、冷水にさらすことで色止めできます。湯に塩を加えることで褐変反応を抑えられるのは、塩に含まれるナトリウムが熱ではがれたマグネシウムとおき変わるため。

涙が出る玉ねぎの切り方はうま味だだ漏れ

\POINT/

玉ねぎの辛みは水にさらすと栄養成分の硫化アリルが流れ出てしまうので、水ではなく空気に15分以上さらすとやわらぎます。

泣かせる原因物質は硫化アリル。でも栄養効果は大

皮をむいているときは平気なのに、切ったとたんに泣かされて、作業効率が悪い。だから玉ねぎを切るときは身構えてしまう、なんてことありませんか。この泣かせてしまう正体は催涙性物質の硫化アリルという成分。玉ねぎを包丁で切ると細胞が壊れ、中にあるアミノ酸や酵素が反応して前述の硫化アリルができます。これが蒸発して目や鼻の粘膜を刺激するため涙が出るというわけです。というと、この成分、悪者扱いされそうですが、実は血液をサラサラにして血栓を予防する大仕事もやってのけます。せっかくの体にいい有効成分なので、できるだけ逃がさずに調理したいもの。それには何よりも細胞を傷つけないこと。よく切れる包丁で細胞をつぶさないようにスーッと前後にスライドさせるのがコツ。スライサーを使うのも涙腺破壊予防に効果的。

＼覚えておきたい！／

まめ知識 目的別玉ねぎの切り方

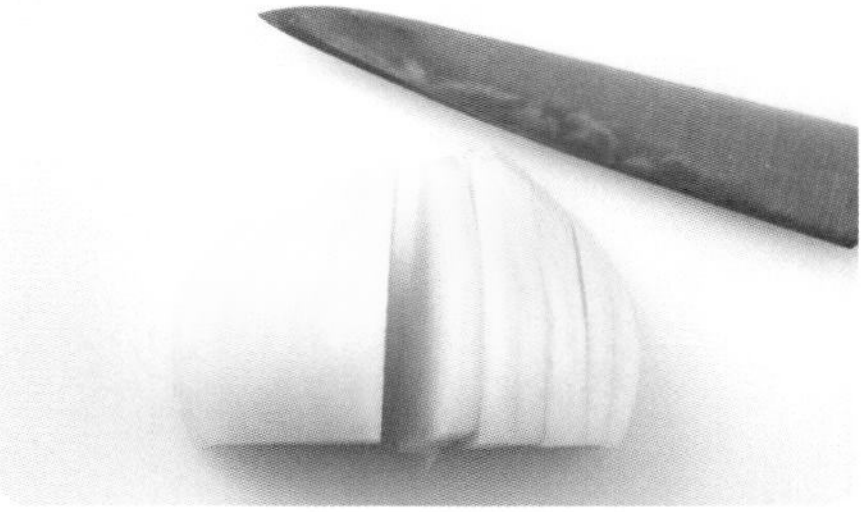

まめ知識1

煮込んでも形を残したい

繊維に沿って縦に切ると、加熱しても形が崩れにくく、食感を残すことができる。

【合う料理】

肉じゃが、シチュー

まめ知識2

やわらかく煮溶かしたい

繊維に垂直に切ると、細胞が壊れて硫化アリルが流出し、短時間で甘みが出せる。また、繊維を断ち切っているため、食感はやわらかくなる。

【合う料理】

カレー、ハッシュドビーフ

まめ知識3

玉ねぎを主役にしたい

玉ねぎをドーンと主役で使うたいときは繊維に垂直に厚めの輪切りにすると、味がしみ込みやすく、甘くジューシーに仕上がる。

【合う料理】

ステーキ、フライ、バーベキュー

加熱調理に向く玉ねぎの切り方。横切りと縦切り

横切りは玉ねぎの繊維に直角に切ること。ハンバーグ用のみじん切り、フライや焼き物用の輪切りが代表的な切り方ですが、切り口が増えて空気にふれることで栄養価値の高い辛み成分が多くなり、加熱すると甘みやうま味が出やすくなります。

また繊維が断たれているので火の通りも早くなります。縦切りは繊維に沿って切ること。カレーや肉じゃがなどでくし形切りにして使ったりしますが、繊維が残っているので形が崩れにくく、長時間の煮込み料理に向きます。

野菜のぬめりを取るのはもったいない！

\POINT/

ねばねばの弱点は加熱で食材から外に出てしまうこと。効率よく摂るには汁ごと食べられる煮物、汁物や長芋のように生食で。

ねばねばの正体を洗い流すと栄養価値が低下

ご存知でしたか。長芋、里芋、オクラに納豆、ねばねば食材は、そのぬめりこそが大事な栄養成分。ペクチンという食物繊維も含みますが、主要な成分は植物性粘性物質。このぬめりはたんぱく質分解酵素を持つので、肉や魚といっしょにとると効率よくたんぱく質が消化吸収されます。加えて胃腸粘膜を保護する働きもあることから、疲労回復を促す効果も。

ところが里芋などは、ぬめりを落とさないで煮ると煮汁が濁るとか、味がしみこまないといった理由で皮をむいて塩をまぶしたり、ゆでたりしてわざわざ大事なぬめりを落として調理することがあります。これはもったいない。

里芋は皮つきのまま丸ごとゆでたり、蒸し器で蒸してから皮をむき、味つけをするのがおすすめ。ぬめりは落とさずに調理しましょう。

＼コツをおさらい！／

調理実習 里芋は皮ごと加熱

手順1

丸ごと水からゆでる

皮つきのまま丸ごと、水からゆでる。沸騰したら弱火にして、20～25分ゆでる。

手順2

中まで加熱する

里芋にようじ、竹串などを刺してすっと通ればOK。

手順3

粗熱が取れたら皮をむく

粗熱が取れたら皮をむく。皮は簡単につるりとむける。後は鍋でだし汁や調味料とともにさっと煮るだけ。

長芋は皮ごと食すのが基本です

長芋は皮に栄養が豊富に含まれているので、捨てるのはもったいない。とろろにするときは、まず長芋を直火にかざしてひげ根を焼き、表面をスポンジなどで軽くこすって洗い、水けをふいてから皮ごとすりおろします。または、植物性粘性物質は冷凍しても栄養はそれほど減らないので、長芋を丸ごとラップでくるんで冷凍し、凍ったまま使う分だけすりおろす方法もおすすめです。

凍っているのでおろすのに力がいりますが、その分、きめ細やかでなめらか、クリーミーな食感に仕上がります。

皮むき、水にさらす、は野菜の栄養素がだだ漏れ

\POINT/

ごぼうやなすは変色防止で水にさらすと、大事なファイトケミカルパワーも水に流れ出るので、皮もアクも取らずに調理を。

話題のファイトケミカルは皮に豊富。アク抜きは不要

葉物や、つぼみを食べるブロッコリーなどは皮をむく必要のない野菜ですが、大根、にんじん、ごぼうなど皮つきの野菜は調理の際に皮をむくのが当たり前でした。ところが最近はこの皮こそが栄養の宝庫、捨てるのはもったいないと評価が激変。皮は実よりも多くのビタミン、ミネラルを含む、うま味の濃い部分。特に注目すべきは抗酸化作用があるポリフェノールという成分。これは植物が太陽の紫外線による酸化から身を守るために作り出した成分で、従来はアクととらえられていた苦み、渋みに加え、色素や香りなども含まれます。たとえばごぼうやなすの皮に含まれるポリフェノールはアンチエイジング、免疫力アップなどの効果も。皮ごとの調理で効果はより高まりますが、皮の食感が気になる場合は、皮はきんぴらや汁物などに利用しましょう。

＼コツをおさらい！／

調理実習 皮ごと根菜きんぴら

手順1

ごぼうは泥を落とす程度に洗う

ごぼう・れんこん各40g、にんじん20gを用意。ごぼうは皮がむけるほど洗いすぎないこと。

手順2

食材の厚さを統一して切る

ごぼうはささがき、れんこんは薄切り、にんじんは拍子切りにして、フライパンに油（大さじ1）を加えて、中火で炒める。

手順3

調味料は火が通ってから加える

火が通ったら、しょうゆ大さじ2、砂糖・みりん・酒・ごま油各大さじ1、顆粒和風だし小さじ1、好みで鷹の爪を加えて手早くからめる。

皮の栄養を捨てないごぼうの洗い方

ごぼうの、茶色のあの皮の色こそがクロロゲン酸というポリフェノール成分そのもの。脂肪の蓄積を抑制したり、血液サラサラ効果も期待される注目の成分です。また特有の香りとうま味が集中しているのも皮の部分。包丁の背などで白くなるまで皮をこそげ取ったら、実にもったいない。泥つきなら金属製のたわしは避け、植物性のシュロのタワシかスポンジで泥を落とす程度、茶色の皮を残したまま洗います。切ってすぐ加熱するか、変色が気になるなら水にさっとぐらせる程度にして栄養をキープします。

じゃが芋は60℃の湯に3分つけて煮崩れ防止

\POINT/

じゃが芋に限らず根菜を加熱する場合、沸騰湯に入れると中心部と外側との温度差が大きいので、火の通りが不均一に。

根菜は水からゆでる、は根拠がある先人の知恵

昔から野菜をゆでるときは、葉物は湯から、根菜は水からと言い伝えられてきました。これは経験上、先人が会得した知恵のたまものですが、意味は深い。ゆでるだけでなく野菜加熱時の基本的なトリセツ（取り扱い説明）が込められていると今、改めて評価されています。その根拠とは、野菜は60℃前後で加熱すると、いったん硬化現象が起こるというもの。ここを踏まえて煮崩れやすいじゃが芋も、水から中火にかけて加熱していき、かたくなる温度帯をゆっくり通過できるように60℃になったら火を止めて3分待ちます。こうすると被膜ができて熱で壊れないように細胞がガードされ、煮崩れしにくくなります。後は中火で徐々に沸騰させて柔らかくなるまで火を通します。一気に高温で加熱すると被膜ができる前に煮崩れしてしまいます。

＼コツをおさらい!／

調理実習 煮崩れ防止のひと工夫

手順1

じゃがいもは皮つきのまま調理

皮つきのまま丸ごと、水からゆでる。じっくりゆでることで甘みも引き出される。

※料理によっては皮をむいて、切ってもOKです。

手順2

60℃になったら火を止める

60℃になったら火を止めて3分待つ。こうすることで煮崩れしにくくなる。

手順3

3分たったら中火で煮る

中火で沸騰させて、じゃがいもがやわらかくなるまで火を通す。ようじ、竹串などを刺してすっと通れば煮えた合図。

まだある! 煮崩れ防止策。みりん投入と油脂でコーティング

　メークインのようにでんぷんの少ないじゃが芋を使うのも煮崩れ防止の一手ですが、男爵のようにでんぷんの多いホクホク系を使うときは和風煮物ならみりんがおすすめ。みりんに含まれるアルコールと糖分がでんぷんの流出を防いで煮崩れを防ぎます。一方、油で炒めてから煮る方法もあり、こちらは油が芋の表面をコーティングして煮崩れを防いでくれます。同じ油性のものでは加熱するときバターを加えると、じゃが芋に含まれるペクチンの働きが強化されて煮崩れを防ぐことができます。

シャキシャキで栄養も逃さないせん切りキャベツ

＼POINT／

ビタミンUは酸に強いので、酢を使うマヨネーズやドレッシングと合わせてもOK。揚げ物に添えると消化を助ける働きも。

キャベツに含まれる珍しい栄養素は刻む、生食で摂取

せん切りキャベツといえば豚カツ、コロッケなどの揚げ物に添えたり、コールスローサラダにしたり、細かく切っての出番が多い野菜ですが、実はこれ、大正解の栄養摂取法。というのもキャベツには他の野菜にはあまりないビタミンUという珍しい栄養成分が豊富。このビタミンの別名はキャベジンといえばどこかで聞いたことがあるはず。胃の粘膜を修復、保護する効果があります。もう一つの貴重な栄養成分は発がん抑制効果があるイソチオシアネート。これは辛み成分の一種でキャベツを始め大根などのアブラナ科の野菜に含まれます。キャベツの場合、この成分は細胞内に潜んでいて、細胞を断ち切ると出てくる酵素と出会うことで発生します。難点はどちらも水に溶けやすく熱に弱いこと。両方の栄養素を効率よくとるには刻んで生食が最も効果的。

＼コツをおさらい！／

調理実習 シャキシャキせん切りキャベツ

手順1

葉脈に対して直角に切る

外葉と芯を取り除き、白い葉脈に添うように半分に切る。切った葉を2～3枚重ねて巻き、葉脈に直角に切る。

手順2

シャキシャキ派は氷水を用意

キャベツの繊維は低温でかたくなる性質があるため、ボウルに氷水を用意。

※ふんわりしたキャベツが好きなら、食べるときは水にさらさずそのままで。

手順3

氷水につける時間は1分！

氷水に1分つけてシャキシャキに。栄養素は水にどんどん溶け出すので、水につける時間は短いほどよい。食べる直前に氷水につけるのが正解。

パリッ、シャキッは水に短時間さらして。栄養損失は最小限に

キャベツの栄養はせん切り、みじん切りなど細かく切ったほうが効率よくとれます。ただし、切りっぱなしだと切り口から水分が蒸発してしんなりしてしまうので、水に放して水分を補うことでシャキシャキの食感になります。ところがキャベツには水に溶けやすいビタミンCやカリウムなども豊富。

これらの栄養素も捨てられません。そこで栄養の損失を最小限に抑えるため、氷水に1分放します。ぬるい水や水につけすぎるのはNG。細胞が水分を吸収しすぎて逆にふやけてしまいます。

塩の役割

column 2

うま味を引き出す塩の塩梅《あんばい》

おいしさを司るのは塩。塩加減がきちんとできると味は決まります

料理に不可欠な調味料といえば何といっても塩でしょう。焼いただけの肉も、どんなに新鮮な生野菜もそのまま食べるのは味けないもの。塩をひとふりするだけでグンとおいしくなり、たくさん食べられるようになります。塩がなければ丁寧に作った料理も間の抜けた味になりますが、かといって高価な塩を使えばいいというものではありません。かの徳川家康との問答で側近が「この世で一番うまくてまずいもの」と答えたという逸話もあり、塩のおいしさは加減次第。おいしいと感じる塩加減は、人体の塩分濃度0.9%とほぼ同じ。これは汁物などのちょうどよい味つけの塩分濃度0.8〜1.1%に通じています。肉や野菜を使う煮込み料理なら水分量を含む総重量の約0.8%を、炒め物なども具材の総重量の約0.8%がベストな塩の量とされ、この目安を覚えておくと楽においしい味つけができるようになります。

第2章

「おいしい」は
必ず、
方程式に忠実！

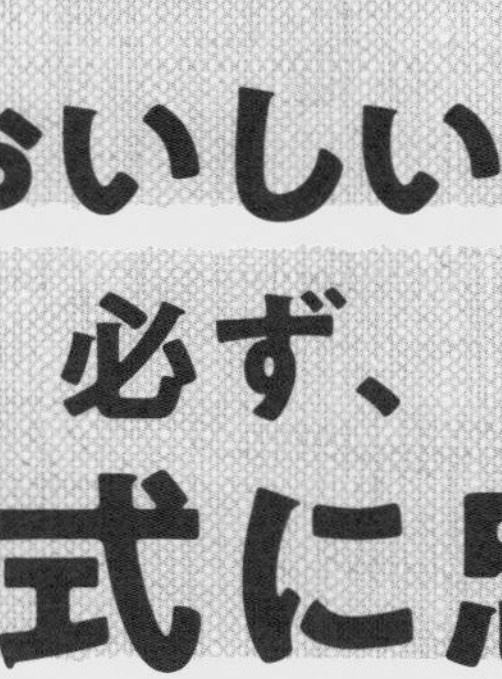

「うま味方程式」を覚えれば、料理はグッとおいしくなる

グルタミン酸
アミノ酸系

うま味は
最大7〜8倍に!

イノシン酸
核酸《かくさん》系

×

食材の特性を活かさずにだしを加えるのはナンセンス

食品売り場には和・洋・中とジャンルも豊富にだしの素が並んでいます。ところで、だしを使わずに料理を作ったらまずかったという経験は？　では〝だし〟とは一体何でしょう。簡単に言えば〝うま味〟成分のこと。アミノ酸の一種であるグルタミン酸ナトリウムやイノシン酸ナトリウムといった有機酸を指し、すべての動物性食品や野菜などに含まれています。たとえばスープを作る場合、具材が本来持っているうま味成分を引き出せば〝洋風だしの素〟は不要なはず。失敗しがちなのは、よりおいしくしようと、何日も繰り返し煮込んで素材の細胞を壊してしまうこと。味が浸透しすぎて濃い味になり、風味も落ちて何らかのだしの素を加えないと満足できない味になります。

だしの素を加えたくなる＝素材の味を失ったということなのです。

「違うグループ」を組み合わせる

＼アミノ酸系うま味成分／　×　＼核酸《かくさん》系うま味成分／

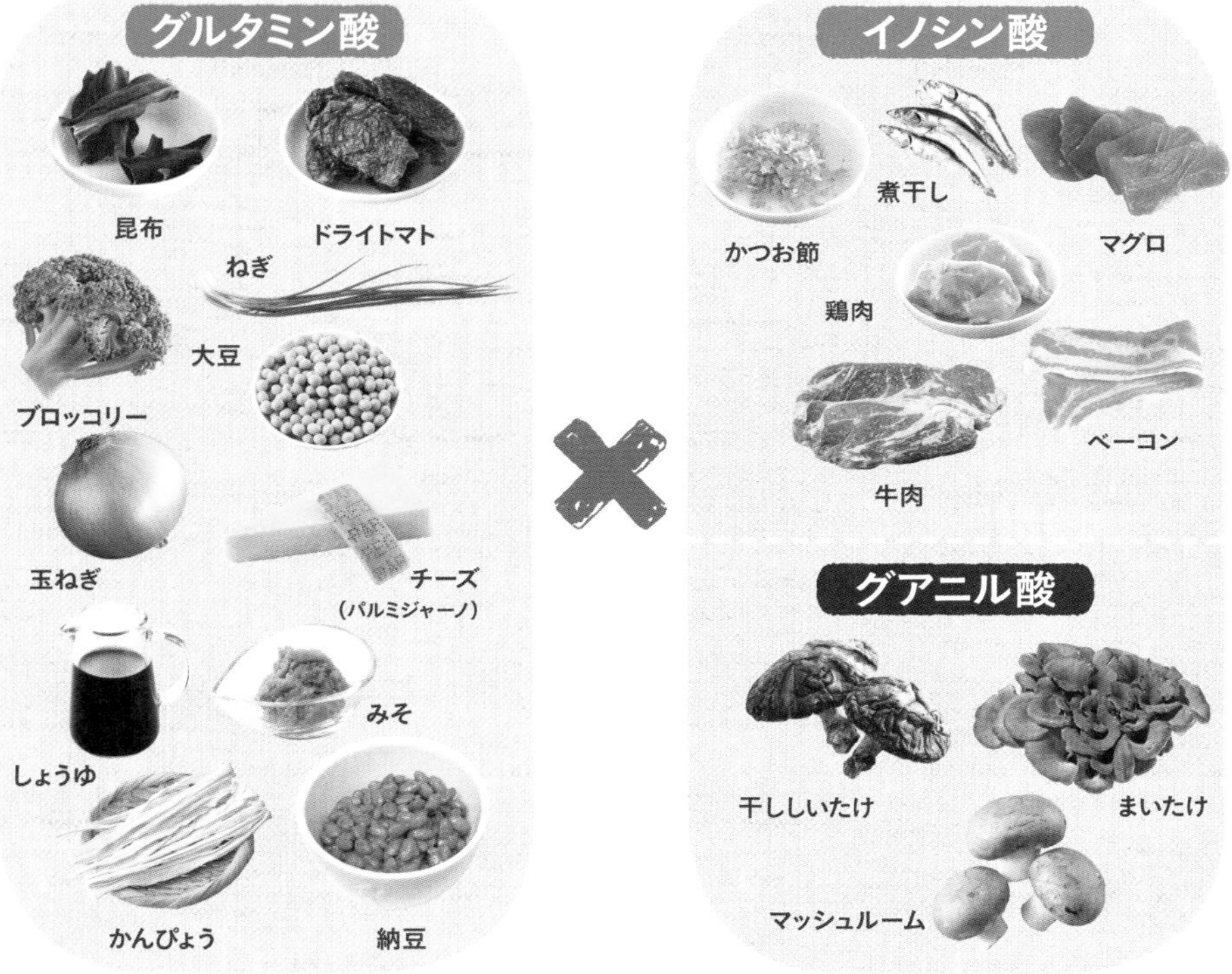

食材が多ければ味がおいしくなるわけではない

スープや煮物などを煮汁ごと食べないと味けなく感じるのは、素材の味がすべて煮汁に逃げてしまった証拠です。

「おいしさ」を逃さないためのコツは、1章でご紹介した調理法や下準備などに加えて、本章で紹介する「食材の組み合わせ方」や古今東西で活用されてきた「うま味食材」を把握するのが早道です。

うま味成分は大別してアミノ酸系（グルタミン酸）と核酸《かくさん》系（イノシン酸やグアニル酸）の2種類。うま味は違うグループと組み合わせると、うま味相乗効果で最大7〜8倍にもうま味がアップします。

たとえば、煮干し（核酸系うま味成分）×干ししいたけ（核酸系うま味成分）のように同グループのうま味成分同士の食材をかけ合わせてもうま味相乗効果は得られません。

2章では、だしの素が無かった時代から重宝されたうま味の方程式をお教えします。

日本古来の「寄せ鍋」はうま味の宝庫

\POINT/

土鍋は乾いた状態で使用。底が濡れたまま火にかけるとひび割れの原因に。

ゆっくりじんわり加熱して土鍋もうま味の引き出し役

肉、魚、野菜、きのこなど、いろいろな具材を寄せ集めて仕立てるのが寄せ鍋。人気の理由は、たんぱく質も野菜も一度にとれる栄養バランスの良さもさることながら、スープを一口飲んだだけで胃袋がつかまれるうま味です。寄せ鍋は、核酸系うま味成分である動物性食品（イノシン酸）やきのこ類（グアニル酸）と、アミノ酸系うま味成分である野菜類（グルタミン酸）うま味が一つ鍋の中で同時に溶け合ってうま味の相乗効果が生まれます。

調理法は簡単。鍋に昆布と水を入れ、30分以上おいて水だしをとり、あとは鍋の常連、白菜、豆腐、ねぎ、しいたけなどを全部いっしょに入れるだけ。火にかけて40～70℃の温度帯を通過するとき、具材のうま味が最も引き出されて3倍にも増えます。これはゆるやかに加熱してこそなので、その仕事は土鍋が大得意。

＼覚えておきたい！／

うま味方程式

まめ知識1

肉は沸騰してからと思いがちだが、動物性食材も水から入れる。

まめ知識2

煮汁にうま味や水分が出きらないよう、肉は鍋からいったん取り出しておく。

動物性の具材を入れるタイミングは冷たい水のうちから

肉や魚介など動物性の具材は、鍋の水分が沸騰したら入れてうま味を閉じ込める、と思いがちですが、それは不正解。冷たい水から入れることでうま味がじわりと出てきます。10分ほど弱火にかけて55℃になったらいったん火を止め、ふたをして5分待機。ここで動物性の具材はいったん取り出してスープにうま味や水分が出ないようにし、沸騰直前の約90℃になったらアクを除き、スープの重量の0.8%の塩を入れます。春菊などを入れて煮えたら動物性の具材を戻し、あとは好みのたれで召し上がれ。

しょうゆひとたらしでおいしくなるのはグルタミン酸の力

\POINT/

しょうゆは時間がたつと風味が落ちるので、開封後は冷蔵庫で保存を。

基本原料は大豆と小麦と塩、発酵力でかけ算式のうま味

しょうゆは大豆と小麦を原料に、麹菌や酵母、乳酸菌などの微生物の働きによって造られた日本古来の発酵調味料。アミノ酸系うま味成分のグルタミン酸をたっぷりと含んでいます。しょうゆをひとたらししただけでおいしく感じるのはこのうま味の成せる技。しょうゆと同様にみそ、魚醤などの発酵食品や、チーズや生ハムなどの熟成を伴う食品にもグルタミン酸が豊富に含まれています。いずれも原料に含まれるたんぱく質が発酵、熟成の過程で分解されることにより、グルタミン酸が増えてうま味が増しているのです。また、昔から日本人が無意識に食べてきた、核酸系うま味成分(イノシン酸)含有の刺身やかつお節と、アミノ酸系うま味成分(グルタミン酸)含有のしょうゆの組み合わせも、うま味の相乗効果そのもの。先人の知恵です。

＼覚えておきたい！／

うま味を含む食品

発酵・熟成過程でうまれる

グルタミン酸

しょうゆ

キムチ

みそ

チーズ

納豆

生ハム

うま味相乗効果1

焼き魚や刺し身（アミノ酸系うま味成分）×しょうゆ（核酸系うま味成分）はうま味方程式になっている。ステーキにしょうゆが合うのも同じ理論。

うま味相乗効果2

かつお節（核酸系うま味成分）×しょうゆ（アミノ酸系うま味成分）もうま味方程式。

しょうゆの用途は多彩。隠れた能力も発揮してくれます。

刺身や煮物などにはダイレクトにしょうゆを使い、分量の多少で味が決まります。しかし、表立ってしょうゆとはわからずとも、隠し味に少量使って起きるおいしい現象は、うま味成分の多いしょうゆならでは。たとえば豆の甘煮に少量のしょうゆを加えると甘味が増す味の対比現象や、塩漬けの鮭やホッケ、たくあん、つかりすぎのぬか漬けなどの漬物には、しょうゆをひとたらしすると塩味の抑制、相殺現象が起きるため、一方または両方の強すぎる味が抑制され、おだやかな味になります。

洋食のブイヨンは肉×香味野菜でうま味倍増

\POINT/

和食のだし食材は乾燥品が多いのに比べ、ブイヨンは肉も野菜も新鮮な食材を時間をかけて煮出していくのが特徴。

和食のだし同様、洋食の味のベースはブイヨン

和食のだし汁に対して洋食にはブイヨン、中国料理には湯《タン》があり、共通しているのはアミノ系うま味成分を含む植物性食品と核酸系うま味成分を含む動物性食品の組み合わせによるうま味の相乗効果がベースとなっていること。

中でも洋食のブイヨンは核酸系うま味成分（イノシン酸）を含む牛肉と、アミノ酸系うま味成分（グルタミン酸）を含む玉ねぎ、にんじん、セロリなどの香味野菜を煮出したもの（ベジブロス）で、日本のだしに比べて各種アミノ酸を含んだ複雑なうま味を構成しています。スープや煮込み料理のベースに使うと、自然にうま味の相乗効果が働きます。この原理はたとえばフランス料理のポトフ（牛肉＋野菜）、スペイン料理のパエリア（魚介類＋野菜）、イタリア料理のミートソース（牛肉＋トマト）など各国の料理にも生かされています。

＼覚えておきたい！／

うま味方程式

まめ知識1 フランス料理 ポトフ

アミノ酸系うま味成分

セロリ

玉ねぎ

にんじん

×

核酸系うま味成分

牛肉

フランス料理のポトフは、香味野菜（グルタミン酸）×牛肉（イノシン酸）を組み合わせる。

まめ知識2 スペイン料理 パエリア

アミノ酸系うま味成分

トマト

×

核酸系うま味成分

魚介類

スペイン料理のパエリアは、野菜類（グルタミン酸）×白身魚や貝類などの魚介（イノシン酸）を組み合わせる。

まめ知識3 中華料理 餃子

アミノ酸系うま味成分

キャベツ

×

核酸系うま味成分

豚肉

中華料理の餃子は、キャベツやニラ、玉ねぎなどの野菜類（グルタミン酸）×豚肉（イノシン酸）を組み合わせる。

うま味相乗効果が働くのは、（アミノ酸系）食材×（核酸系）食材

うま味相乗効果を得るためには、アミノ酸系うま味成分（グルタミン酸）と核酸系うま味成分（イノシン酸、グアニル酸）を組み合わせることが、基本のルールです。

たとえば、同じ核酸系うま味成分であるかつお節（イノシン酸）と干ししいたけ（グアニル酸）を組み合わせても、うま味が飛躍的に強くなることはありません。昆布や野菜などに含まれるアミノ酸系うま味成分（グルタミン酸）と、肉や魚に含まれる核酸《かくさん》系うま味成分（イノシン酸）を組み合わせるのが王道だと考えておくと間違えがありません。

海苔は単独でうま味相乗効果を成す優秀食材

＼POINT／
海苔のグアニル酸含有量は干し椎茸に匹敵、グルタミン酸は昆布以上。

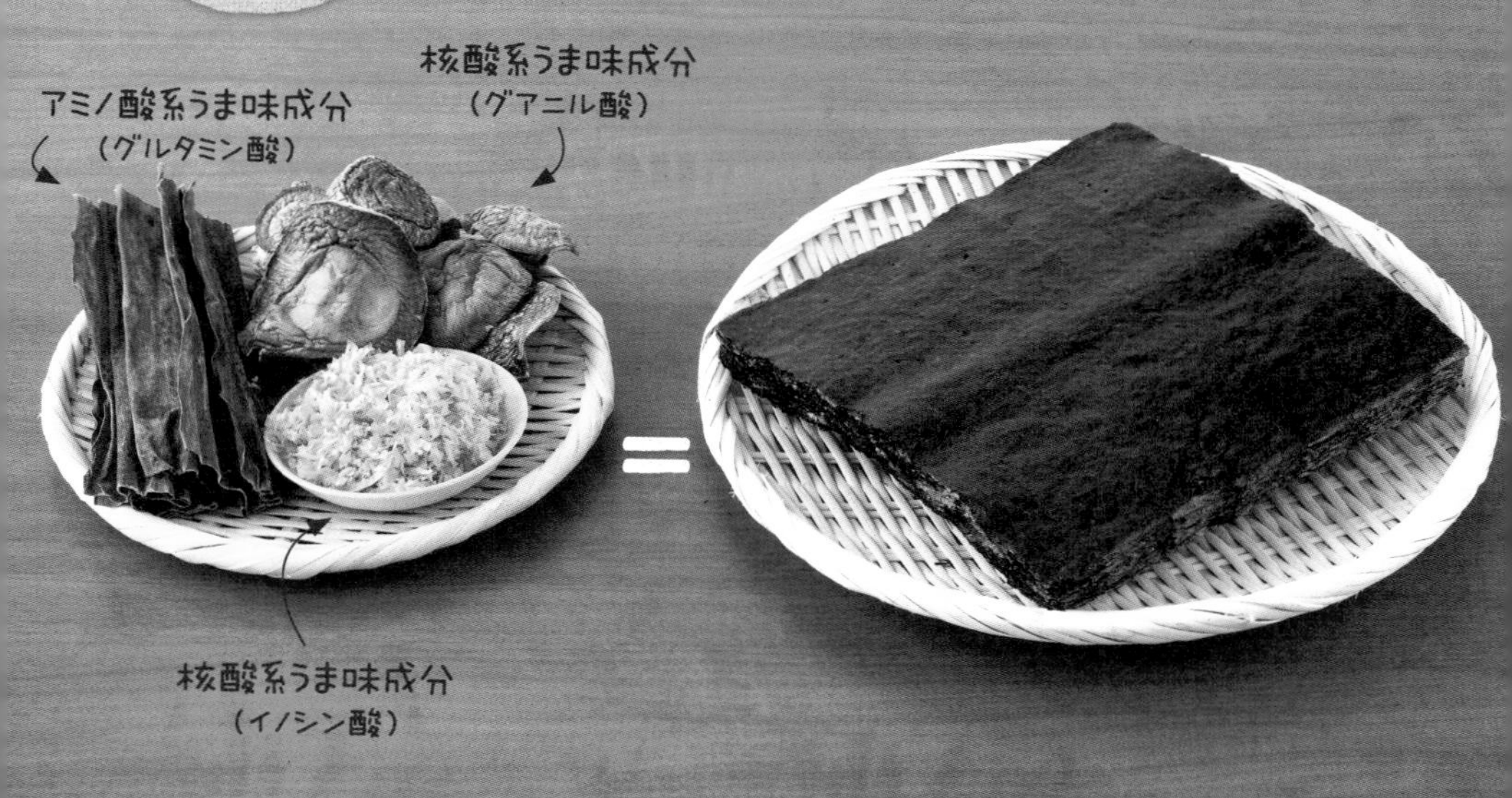

日本の食卓のみならず世界進出で存在をアピール

ひらひらと頼りなさげなのに、ひと昔前までは、その色と味の圧倒的な存在感は海苔を知らない外国人を驚かすには十分な材料でした。今や寿司につきものという理由だけではなく、そのまま食べてもおいしいと、その人気は世界を席巻する勢い。あの独特の海を感じる香りは食べる前の序章、複雑に絡み合ったうま味は口中で開きます。紙のような薄〜い1枚がなぜこんなにおいしい？　それは海苔は単独でアミノ酸系うま味成分と核酸系うま味成分を合わせ持つから。

うま味成分は単独よりも複数のかけ合わせでよりうま味が濃くなります。この単独でうま味相乗効果を成す食材は、数《あま》多《た》ある食材の中でもごくマレな存在です。味が今一つ物足りないときは、とりあえず海苔を入れると味が決まるともいわれ、実は頼りになる優秀食材です。

＼覚えておきたい！／

うま味抽出法 海苔だし

まめ知識1

だし要らずの海苔味噌汁

熱湯に味噌を溶かし、適当な大きさに切った海苔を入れて溶かすだけでだし要らず。

まめ知識2

溶けづらい海苔は少し煮る

鍋に細かくちぎった海苔（10×18㎝程度）1枚、水200㎖、酒大さじ1/2、しょうゆ小さじ1/2、顆粒だし小さじ1/3を加え、一煮立ちしたら火を止める。仕上げに白ごまをちらし、「海苔汁」完成！

まめ知識3

食べる直前にあぶってうま味アップ

海苔は食べる直前に火であぶると、アミノ酸が増加してうま味や香りが引き立つ。海苔をあぶるときは、表同士を重ねて2枚にし、裏（ザラザラ面）だけをあぶる。

重さわずか2〜3gなのに栄養がギュッ。頼もしい海苔の底力。

主役を張るにはその薄さ、重さがあまりにもはかない。しかし脇に回るとなくてはならない存在感で主役をがっしりと支えます。特に白米との相性はバツグンで、おにぎりに海苔、寿司飯に海苔、朝ご飯にも海苔。日本人のソウルフードです。

海苔の力はこればかりではなく、その栄養成分の豊富なこと。

特に海苔に含まれるビタミンCは熱に強いので火であぶっても壊れないのが特徴。ビタミンA、B1、B2や鉄分、カルシウムなどのミネラルもたっぷりです。

地中海の昆布だし「ドライトマト」

\POINT/

ドライトマトのリコピンは生のトマトの4倍、干すことでビタミンDも増え、うま味成分も生の倍以上にアップ！

生でも多いうま味は干すとさらにアップ。上等のだしに

トマトはアミノ酸系のうま味成分（グルタミン酸とアスパラギン酸）の宝庫。赤く熟すほどにうま味は増加します。

日本で昆布だしやかつおだしが、さまざまな料理に使われてきたように、地中海沿岸地方では、18世紀頃からトマトが料理のベースとして親しまれてきました。その代表格がトマトソース。夏の終わりのトマトの値が下がる頃、一家総出で1年分のトマトソースを仕込むのはイタリアの風物詩として知られるところ。このソースは日々の料理のベースとして活躍するので、いわばイタリア版おふくろの味的な存在。トマトが日本のみそ、しょうゆのような役割を果たしています。

さらにトマトは乾燥させることで核酸系のうま味成分（グアニル酸）もアップし、単独でうま味相乗効果が得られる食材となります。

＼覚えておきたい！／

うま味抽出法 ドライトマトでだしを取る

10分

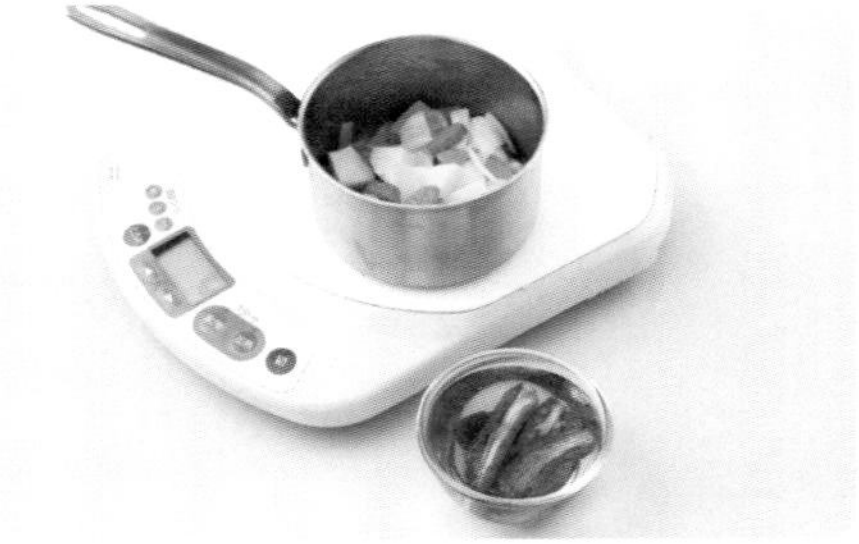

手順1

ぬるま湯でだしを抽出

ドライトマトをぬるま湯に10分浸すと、だしが出る。このだしをベースとして肉や魚を調理するとトマトのグルタミン酸と肉や魚のイノシン酸でうま味相乗効果が起きる。

手順2

トマトだし活用法

ハヤシライス、カレーライス、ミートソースなどを作る際のだし汁として用いると良い。

オイル漬け

まめ知識

だしがでるのは乾燥トマト限定

瓶詰めのドライトマトのオイル漬けではだしは取れない。必ず乾燥したものを使用する。水けのある料理なら、だしの素やコンソメのように直接入れてOK。少量ならトマト味にはならない。

レッツトライ！ 簡単！ 自家製ドライトマト

ドライトマトはトマトの旬、夏場の安いときに作りおきすると重宝。簡単で失敗が少なく作りやすいのは完熟のミニトマト。洗って水けをふいて縦半分に切り、種を取り除きます。もう一度水けをふいて切り口を上にしてザルに並べ、塩をパラパラ。あとは2～3日太陽におまかせで完成。電子レンジなら下ごしらえしたトマトを耐熱皿に並べ、600wで約5分加熱。トマトから出てきた水けをふいてまた5分加熱。水けがなくなるまで繰り返して完全に乾いたら完成。オイル漬けにしたり、保存袋に入れて3カ月ほど冷凍保存も。

精進だしの基本はグルタミン酸×グアニル酸

\POINT/

肉、魚が主材料の料理に精進だしを使えば、よりうま味の相乗効果が得られます。

植物性食材のうま味が凝縮 精進だしはかけ合わせの妙

精進だしは動物性の食材は使わず野菜や海藻などの植物性の食材のみでとるだしのこと。乾物の昆布、干ししいたけ、かんぴょう、切り干し大根、大豆などを水で戻した戻し汁か、煮出した濾《こ》し汁が使われ、かつお節や牛、豚の骨などの動物性食材でとる力強いだしとはまた違う、うま味は濃いのに繊細な味のだしになります。中でもアミノ酸系うま味成分が豊富な昆布と、核酸系うま味成分が豊富な干ししいたけは、合わせて使えばうま味の相乗効果が生まれる最強の味出しコンビ。かけ合わせることでうま味が倍増し、そのうま味や香りは長持ちするので、吸い物や野菜だけの煮物に使えば素材の持ち味が引き出されて優しくふくよかな味わいに。また塩分や油脂、糖分を控えた少し物足りなく感じる料理の味も、精進だしがカバーして満足のおいしさに。

＼覚えておきたい！／

うま味方程式

精進だしのうま味は水から弱火で抽出

魚や肉類が禁止されている精進だしの王道は、アミノ酸系うま味成分である昆布（グルタミン酸）と、核酸系うま味成分である干ししいたけ（グアニル酸）の合わせワザ。乾物からだしをとる場合は水から調理すること。

アミノ酸系うま味成分

グルタミン酸

かんぴょう

昆布

アスパラギン酸

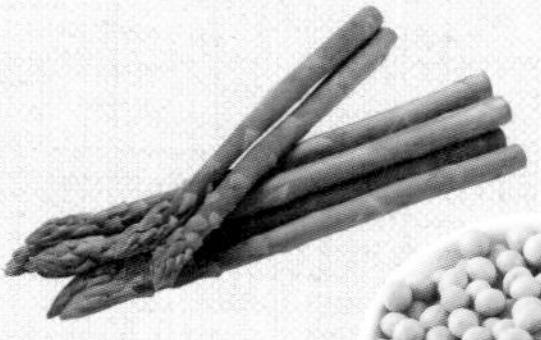

アスパラガス

豆類

×

核酸系うま味成分

グアニル酸

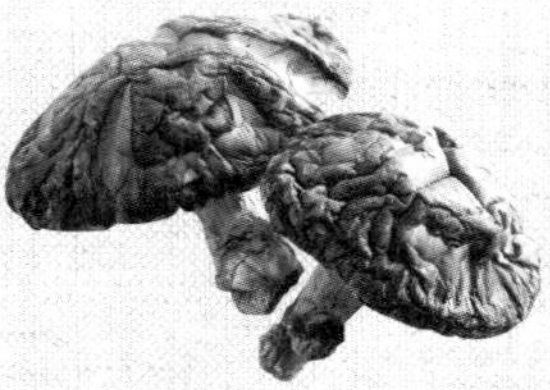

干ししいたけ

精進だしは乾物だけじゃない。野菜くずでもだしがとれます

野菜（ベジタブル）と、だし（ブロス）でベジブロス。これは野菜くずを水と共にじっくり煮込んだだし汁のこと。普段は捨ててしまいがちな皮やヘタ、根や茎などは野菜のうま味や栄養が最も豊富な部位。野菜くずは種類が多いほど、それぞれのうま味の相乗効果でいい味を出します。水から弱火でことこと、アクも味のうちなので取らずにそのまま30分ほど煮て、ザルなどでこせばでき上がりに仕上がります。汁物、煮物がしみじみおいしい味に仕上がります。ふたつき容器に入れて冷蔵庫で3日ほど保存できます。

イタリアのうま味調味料「パルミジャーノ・レッジャーノ」

\POINT/
パルミジャーノ・レッジャーノを肉、魚料理に使えばうま味がアップ。

うま味成分グルタミン酸の含有量は昆布に匹敵。

パルミジャーノ・レッジャーノは100g中に1.2～1.6gのアミノ酸系うま味成分（グルタミン酸）が含まれ、昆布に含まれるグルタミン酸の量に匹敵します。すりおろしてパスタにかけたり、サラダのトッピングにひと振りすれば、コクとうま味が増して料理の味が大きく変わります。スープや煮込み料理にはだしのように使うなど、いわばイタリア版うま味調味料的な存在。こうした使い方は日本でいえば、豆腐やお浸しにふりかけたり、おにぎりの具などに頻繁に使う、かつお節に似ています。ちなみに緑の筒に入った粉状のパルメザンチーズはアメリカでパルミジャーノ・レッジャーノを模して作られたもの。本家本元イタリアのパルミジャーノ・レッジャーノは1～4年もの長期発酵、熟成を経て完成させるので、うま味成分の含有量が格段に多いのが特長。

＼覚えておきたい！／

うま味抽出法 チーズだしをマスター

手順1

チーズの皮を切る

パルミジャーノ・レッジャーノの皮を切り落とし、細かく切る。

手順2

10分煮る

沸騰したら弱火で10分煮る。

手順3

ザルで漉《こ》す

煮えたらザルで漉す。一番だしはヨーグルトと上澄みバターを合わせたような味。単体では頼りなげな味だが、核酸系うま味成分を含む食材と組み合わせるとグンとおいしくなる。

パルミジャーノ・レッジャーノの皮はだしに利用できます。

パルミジャーノ・レッジャーノの濃厚なうま味と芳醇な香りは、料理の味を底から引き上げるだしのような力強さがあります。かたまりが入手できたらお試しいただきたいのが〝皮〟と呼ばれている、チーズの表面を覆っている部分。ここは熟成中に水分が蒸発してかたくなったところなので、本体よりもうま味が凝縮しています。細かく切って熱湯に入れ、弱火で10分ほど煮出して漉《こ》したものをカレーやシチュー、野菜スープなどのベースに使えば、うま味の凝縮された濃いだしになり、味に深みが増します。

緑茶のうま味は昆布だし級

＼POINT／

緑茶には渋みを抑え、うま味や甘みを引き出す物質のペクチンも含有。

高級な緑茶ほど甘いのは、豊富なアミノ酸のなせる技

普段何気なく飲んでいる緑茶には、アミノ酸系うま味成分のグルタミン酸やアスパラギン酸のほか、テアニンというま味成分がたっぷり含まれています。特にテアニンは緑茶に含まれるアミノ酸類の半分以上を占め、そのうま味は昆布だし級。しかも値段の高い緑茶ほど多く含有しています。高級品の玉露を適温で上手に淹《い》れると甘い味がするのは、このテアニンが緑茶に共存するカフェインや、最近話題のカテキン類の苦み、渋みをやわらげる働きもするからと言われ、うま味がほの甘い味に変えるためと考えられています。緑茶のうま味成分アミノ酸類は50℃以上の低温で溶け出しやすくなり、玉露や抹茶などのうま味はこの温度帯で出てきます。煎茶の場合は少し温度が上がって70～80℃でうま味成分が引き出されるので、適温でおいしく淹れましょう。

＼覚えておきたい！／

うま味方程式

うま味
相乗効果 1

緑茶の豚しゃぶ

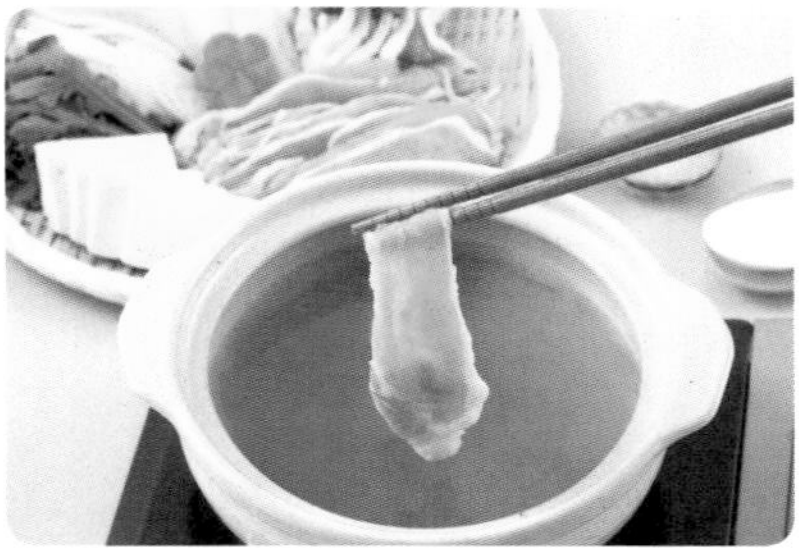

アミノ酸系 うま味成分

緑茶

×

核酸系 うま味成分

豚肉

材料と作り方

濃い目の緑茶（グルタミン酸）4カップ分に、豚肉（イノシン酸）100gと好みの野菜を用意し、しゃぶしゃぶする。

うま味
相乗効果 2

鯛茶づけ

アミノ酸系 うま味成分

緑茶

×

核酸系 うま味成分

鯛刺身

材料と作り方

茶碗1杯のご飯に、鯛の刺身（イノシン酸）50g、あられ・炒りごま・おろしワサビを適量のせ、しょうゆ大さじ1/2、みりん大さじ1をかけて、緑茶（グルタミン酸）を注ぐ。

お茶づけのテアニン相乗効果。おいしいにはワケがあります

飲んだ後にサラサラかき込むお茶づけはたまらなくうまい！　は飲兵衛の言い分。お茶づけはご飯の上に焼き鮭やあじの干物、ときには鯛の刺身などをのせてごちそう茶づけにし、熱めの煎茶を注げばでき上がり。単純なのにうま味を引き出す取り合わせは満点。鮭や干物、刺身には動物性のうま味成分イノシン酸が豊富、そこに緑茶のうま味成分グルタミン酸とその仲間のテアニンという成分が合流すると、かけ算式でうま味の相乗効果が働きます。のどごしのよさも加わり、おかわりしたくなるおいしさです。

\POINT/

唐辛子のカプサイシンは油、酢、アルコールに溶けやすいのが特長。

クセになるうま味「唐辛子」はメキシコのだしの素

ヒリリとする辛さの中にクセになりそうなうま味も

唐辛子は乾燥させることでアミノ酸系うま味成分(グルタミン酸)が増え、甘みとコクが増幅し、日本のかつお節や昆布などに匹敵するうま味になります。

唐辛子の持つうま味を最大限に引き出すのがメキシコ料理の真骨頂。たとえば鷹の爪に似たチレ・アルボルや、日本でもおなじみになったハバネロなどの激辛系や、ピーマンに似た形のハラペーニョや、ハラペーニョより味の濃いアンチョ、細長い形で干しぶどうのような甘い香りのするパスィージャ、辛みがほとんどないもの、甘みと苦みを持つものなど多種多彩な唐辛子を使い分けます。

乾燥した唐辛子だけでなく、生唐辛子も使う合わせ技で、煮る、蒸す、炒める、焼いて焦がすなどのあらゆる調理法を駆使し、複雑なうま味を引き出しています。

＼覚えておきたい！／

うま味抽出法　唐辛子オイル

手順1

唐辛子の準備

味がなじみやすいように、赤唐辛子３～４本のヘタを切り落とし、ようじ、竹串などで穴を数カ所あける。

手順2

その他の食材を準備

にんにく2かけを包丁でつぶし、生のローズマリー1本、エクストラバージンオリーブ油150㎖を用意。

半日

手順3

半日つけ込む

煮沸消毒したビンに、すべての材料を入れて密封し、冷蔵庫で半日置く。パスタや焼き魚、肉のローストなど様々な料理に使える。

簡単、自家製辛うま、調味料でいつもの料理の味をアップ

いつもキッチンに常備しているごま油やオリーブ油、米酢やりんご酢、日本酒やワインなどに唐辛子の辛みとうま味を移しておけば、炒め物や麺料理、餃子のたれ、お浸しやサラダなどにパッパッとふりかけるだけで深みのある味に変身します。

作り方は超手軽。使いたい油や酢に、好みの量の唐辛子を丸ごと放り込むだけ。1ヵ月ほどおけば使えます。油の場合はにんにく、ねぎ、しょうがと共にみじん切りにして弱火でじっくり20分ほど煮ると、簡単ラー油ができ上がります。

〈監修〉

東京慈恵会医科大学附属病院　栄養部

課長：濱 裕宣　　係長：赤石定典　　係長：田端稔

Staff

撮影：伊藤泰寛（講談社写真部）
原稿：新海幸子
イラスト：藤井昌子
デザイン：田中小百合（オスズデザイン）

おいしさを逃《のが》さない

「うま味《み》」方《ほう》程《てい》式《しき》

2020年6月9日　第1刷発行

監　修　東京《とうきょう》慈《じ》恵会《けいかい》医《い》科《か》大学《だいがく》附《ふ》属病院《ぞくびょういん》　栄養《えいよう》部《ぶ》
発行者　渡瀬昌彦
発行所　株式会社講談社
　　　　〒112-8001　東京都文京区音羽2-12-21
　　　　販売　TEL03-5395-3606
　　　　業務　TEL03-5395-3615
編　集　株式会社　講談社エディトリアル
代　表　堺　公江
　　　　〒112-0013　東京都文京区音羽1-17-18
　　　　護国寺SIAビル6F
　　　　編集部　TEL03-5319-2171
印刷所　凸版印刷株式会社
製本所　株式会社国宝社

N.D.C.594 127p 21cm ISBN978-4-06-519571-0